最前線～どう実現する『政策評価』

# ガバメント・ガバナンスと行政評価システム

## ～企業経営に何を学ぶか～

ＪＭＡ（日本能率協会）グループ
行政改革　プロデューサー
**星野　芳昭**



朝日カルチャーセンター地方自治講座ブックレットNo. 2

# はじめに

伝統ある朝日カルチャーセンターにて講演の機会を与えられたことを光栄に思っています。さて、「地方自治最前線…どう実現する『政策評価』」というシリーズの中で私に与えられた題目は、「企業経営に何を学ぶか」です。今日お集まりの方々の大半は自治体で実際に行政改革や政策評価導入に携わっている方々ですから、「これからの行政改革に民間企業の経営手法をどう学ぶべきか、学べるか」と「実際にこれから政策評価をどう導入していくか」という2つの視点から説明をさせていただきます。

# 第1章　どんな民間企業から学ぶべきか

## 1　民間企業と一言で言っても…

最初に、「民間企業の何をどう学ぶか」の前提として、学ぶべき民間企業とはどんな企業なのかを明らかにしておく必要があります。私は今まで二十年近く、主として民間企業における組織改革や人材開発に関するコンサルティング活動に携わってきました。民間企業と一言で言っても、世界各国で事業活動をしている巨大多国籍企業から家族経営の零細企業までその規模や業種は様々あります。また電力会社や鉄鋼会社などのように組織体質が巨大官公庁に極めて近い大企業組織とか、あるいは逆に大企業であっても絶大な権限を有しているオーナーが強いリーダーシップを発揮している企業組織、あるいは事業は順調に成長しても未だ家業から脱皮できない中堅企業など組織運営面でも様々です。

最近、上場企業を中心に従来の日本型経営スタイルから欧米型経営スタイルへと転換をはかる動きが見られます。これは従来、従業員満足や顧客満足を第一に考える家族主義的経営をしてきたのですが、企業活動のグローバル化、銀行中心の間接金融から株式市場中心の直接金融への転換に伴い、株主や機関投資家などの投資家に重点を置いた経営へ移行することを表しています。さらに近年では、地球環境に優しい経営をしなければ広く社会からの支持を受けられないと言うことで、地球環境保全を重視する

図１　学ぶべき組織の体質水準

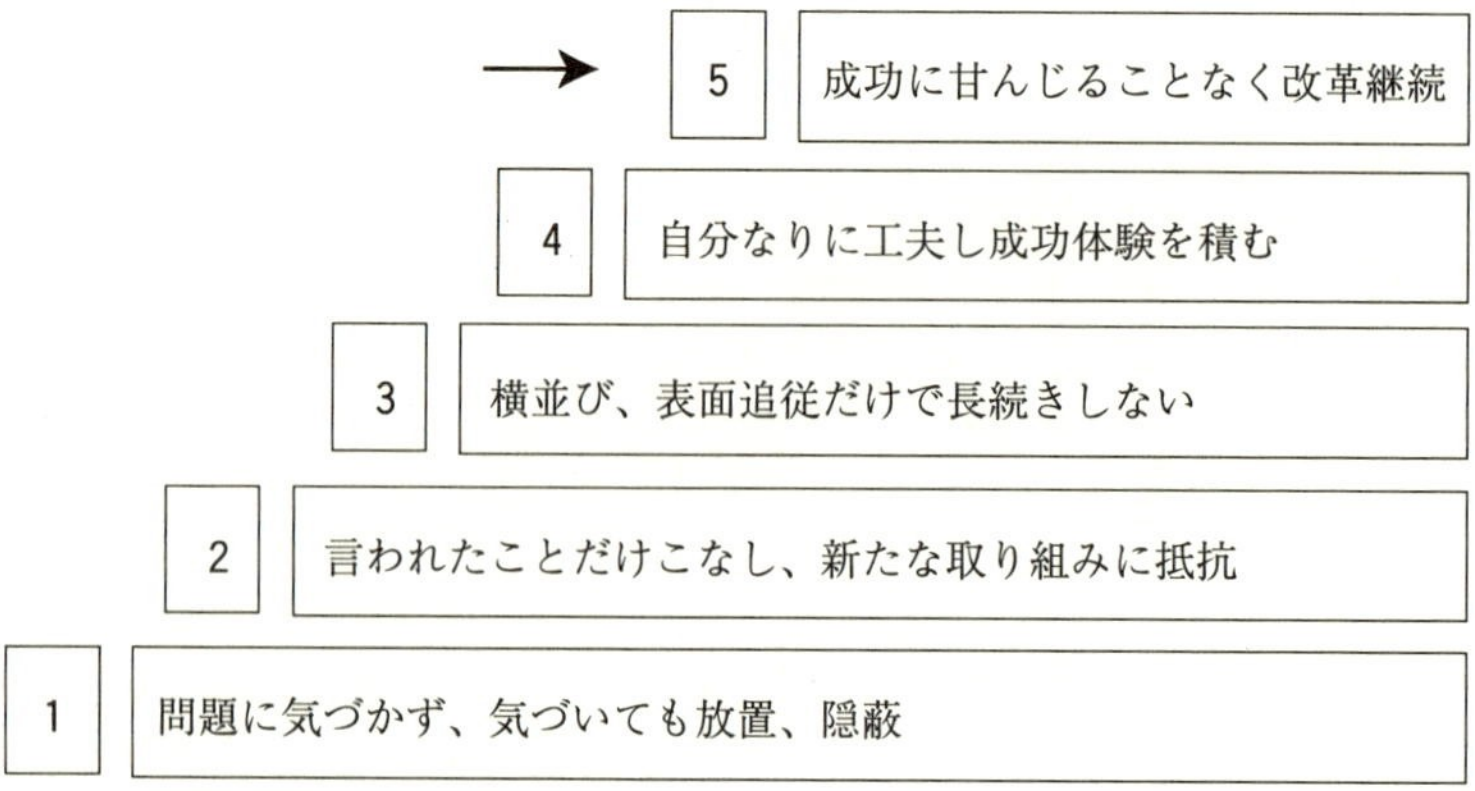

5
成功に甘んじることなく改革継続
4
自分なりに工夫し成功体験を積む
3
横並び、表面追従だけで長続きしない
2
言われたことだけこなし、新たな取り組みに抵抗
1
問題に気づかず、気づいても放置、隠蔽

企業も出てきています。

ですから、民間企業を一まとめにして自治体と比較することはほとんど意味がありません。では、どんな民間企業を学ぶべき対象として選定するか？それは決して規模や業種や国籍といった区分ではなく、図1に示すとおり「組織の体質水準の優劣度」から選定されるべきと考えます。

## 2　組織体質優劣の5段階

図1は私が長年、様々な組織の運営実態を第三者として実際に診断をしてきた過程で徐々に形成してきた組織体質の優劣区分を表したものです。組織とはそもそも人が複数集まり、ある目的を達成するために資源を獲得しそれを活用して役割分担をしながら結果を出す有機体を言います。ここではそうした動き方がどうなっているか、そこで動く人々がどういう価値観を持っているのか、動き方の背景にある文化、風土、慣習と言った組織の魂と言ったソフトの観点から体質水準を診断するものであります。

ずばり学ぶべきは矢印で示した第5段階に位置する組織です。ここでは組織構成員が常に自己満足に陥ることなく自らの価値を高めるための様々な改革、改善が徹底実践されています。しかも改革、改善は一過性の運動ではなく、いろいろな制度や仕組みとして定着化をはかる努力がなされます。そして現場第一線の動きが変わるまで徹底されています。定着化をはかるために「悪さ加減を徹底して出し合おう」とか「後戻りを防ぐためには…」などといった言葉がトップから現場第一線に至るまでの各層で議論されており、それが日常茶飯事となっています。そして他の企業からの模範、手本とされています。トヨタやソニー、花王などが代表的です。

私は自治体の行革の仕事を始めてから既に十年近くになりますが、その限りでは、多くの自治体が第2段階の「言われたことだけこなし、新たな取り組みに抵抗する」に位置していると言えます。例えば従来の行革の取り組みがそうです。自治省の通達に則ってそこに記載されている項目で行革大綱をまとめて終わり。ところが行政評価や個人能力評価など他の自治体では手がけてない新たな取り組みをする際には多くの幹部や職員が、「ウチにはなじまない」「忙しくてそんな余裕がない」「前例がない」などと平気で逃げの言葉を出す。さらにそうした風潮に対して「それはおかしいよ」とか「では対案があるのか?」と誰も言おうとしない、やろうとしない、こんな組織体質が第2段階です。

それでは第1段階の組織体質とはどんな状態を言うのか?それはずばり、「問題放置、隠蔽」体質です。問題が発生してもそれを放っておく、外部からの指摘を受けるとそれを隠すことに知恵と労力を使うという体質を持つ組織です。振りかえってみればこの十年間、国や自治体など税金で仕事をしている組織が様々な不祥事を起こし、その結果として納税者からの信頼を失ってしまった例が後を絶ちません。中には隠蔽し切れなくてついに「お騒がせしました」という理由で辞任、正確に言えば逃避してしまった責任者も見られます。

もちろん民間企業でもこの段階に位置する組織は多数あります。製品や職場の安全を怠ったり、厄介な事件が発生した場合に消費者に対して正しい報告を迅速にやらなかった、やれなかったりという企業は伝統的大企業でさえも見られることは確かです。

ただ自治体と民間企業の大きな違いは、顧客や社会からの信頼喪失が遅かれ遠かれ企業存亡に結びつくという点です。これらの企業の場合はまず顧客が逃げていきます。その次に優良な取引先が逃げていきます。そして有能な従業員が逃げていきます。失った信頼を取り戻すためには新しく事業を興すことよりも難しいのです。そしてその先は企業倒産へと向かっていきます。

ところがこれに対して、自治体の場合は実際に倒産することはありません。ただし住民からの信頼喪失はいずれ知事や市区町村長など首長や議員選挙という形で行政運営に大きな影響を与えることになります。

実際にここ二、三年で住民が「もう我慢できない」と自治体行政の刷新を求めて選挙という機会でそれを意志表示するようになってきました。そしてそれに応えるべく、改革を表明する首長が彗星の如く現れて様々な取り組みをするようになってきました。行政評価など新しい経営手法を積極的に導入する傾向が強まってきたのはそれを受けています。

しかし多くの自治体は今なお、第2段階から第3段階に移行しつつも、第4段階には行けず、第3段階に止まっているように見えます。つまり、近隣同規模自治体の取り組みをそのまま真似る。行政評価などはその典型で、早くから取り組んだ三重県に手土産を持参して、評価表の様式とか記入要領をごっそりもらってくる。最近ではインターネットで容易に入手できますね。それをそのまま庁内で適用しようとする。まさにマニュアル主義の弊害です。

庁内で実際にどう評価に取り組むのか、そしてより重要な点である庁内各課職員の評価能力、説明能力をどう高めるか、評価を徹底できる条件をどう整備していくかといった足元の議論や実務検証が不足している。そして形だけの取り組みですから長続きしない。これが第3段階の組織体質の特徴です。そしてこうした表面だけの取り組みを長く続けていると次第に、「そんなことは過去に考えたよ」とか「既に取り組んだが手法が良くなかった」という評論家的な人が多くなってきます。さらにそれが長く続くと組織全体が第2段階に滑り落ちることになります。

こうした滑り落ちを防いで第3段階から第4段階に着実に這い上がるためには、改革改善を徹底実践することです。米国の製造業がここ数年になって復活した秘訣の一つがこうした徹底実践にあります。日本の自治体の首長や職員が、行政改革を一定期間で仕上げる時限的な活動だと認識している限り、第4段階に行くのはおそらく無理だと思います。定着化とは「それが当たり前のように取り組まれている。自然に人や組織の動き方になっている。」と定義されますが、改革改善活動を徹底実践しない限り、自信はつかないし、組織に改革の「魂」は宿りません。

ただし第4段階が決して終点ではありません。この段階の組織体質は確かに成功体験を積んで組織構成員の皆に自信を植え付けます。ところが、この自信が時に、「過去への執着」を「外部環境変化対応」に優先させることになりまず。問題を素直に問題として受けとめられなくなる組織体質にいつのまにかなるのです。またそこに働く構成員も現状に満足してしまい、さらなる高い目標を見失います。そして次第に第1段階の組織体質という奈落の底に突き落とされてしまう。ただ外部からの指摘を受けない限り第4段階か第1段階かの区別がつかない、そこまで組織の病は深刻なのです。

第4段階と第5段階の組織は一見区別がつかないようですが、そこに働く構成員は絶えず現状に満足していません。と同時に非常に謙虚で素直に他の世界から学ぶ努力をしています。世界の製造業の手本となったトヨタの生産システムはもともと、米国のスーパーマーケットからヒントを得て長年の工夫と実践で培われたものです。またトヨタは一般の人には「世界的な巨大企業だし安定している」と見られていても、実際にそこで働く従業員は常に危機意識を持って環境への取り組みとか徹底した理想原価追求に専念しています。

私は二年に一回の頻度で、日本の主要企業のトップと一緒に欧米の先進企業を訪ね、意見交換をしてくるのですが総じてトップ同士は非常に貪欲で学習意欲が旺盛です。真剣な議論には自慢話など出てきません。「良く見せること」よりも「良くなること」に専念する。そのためには「違う世界から学ぶ」という謙虚で素直な姿勢が大切です。これに対して自治体の幹部の方々は総じてそういう姿勢が欠けているのではないでしょうか。民間企業の話をすれば「違うよ（＝それは民間だから出来ること）」と言い、さらに都道府県の職員の方々に市区町村の事例を話すと「違うよ（＝それは市区町村だから出来ること）」、また市区町村の職員の方々に都道府県の事例を話すと「違うよ（＝それは都道府県だから出来ること）」の一言で片付けられるということが少なくありません。ですからまずは、学ぶことの基本姿勢を持つこと。これがなければ私がこれから話すことは「馬の耳に何とかやら」となりかねません。

# 第2章　自治体と民間企業との性質の違い

「違う世界からも学ぶ」姿勢の重要性を強調しましたが、その次は「何をどう学ぶか」です。ただそこに行きつくためには、そもそも自治体と民間企業とは本質的に何がどう異なるのか、一方で共通点は何かといった点を認識しておかなければなりません。「違う世界から学ぶこと」と「違う世界の考えや手法をそのまま適用すること」は違います。これは民間企業の中でもそうです。量産品を製造販売しているA社で上手く成果を出したコスト削減手法をそのまま個別受注物件の請負業をやっているB社のコスト削減に適用できるはずがありません。ただA社の取り組み過程や工夫の仕方をしつこく聴き、実際に実務検証することによってB社の人達は自分達の仕事に直接適用できる部分とそうでない部分を峻別し、早速それを実践してみる。そしてその峻別の基準が「どんな違いがあるのか、どこに共通点があるのか」であり、これは単に知っているという知識レベルではなく、知り得た情報を自分のために上手く活用する知恵レベルの学びです。

図2は私が民間企業出身の首長に対して、自治体行政と民間企業経営との違いをわかりやすく比較して説明するために作成したものです。最近、各地で地元の民間企業経営者が新たに首長に担がれ当選して、「行政に企業経営の手法を適用する…」との公約を実現するために様々な取り組みがなされているようですが、その実態は庁内が混乱したり、職員が新首長の発想や試みについていけず、戸惑ったり、アレルギーを引き起こ

図2　自治体と民間企業との比較

| | 自治体 | 民間企業 |
|---|---|---|
| 組織の目的 | 健全なまちづくり | 企業価値の向上 |
| 関係者との関係 | 住民自治 | 株主・顧客価値 |
| 経営原理 | 富の再分配 | 市場原理 |
| 経営組織 | 首長、議会、執行 | 経営と執行 |
| 情報公開 | プライバシー配慮 | 競合企業配慮 |

しているということもあるようです。

これを防いでかつ、組織構成員が冷静に自らを振り返り改革への第一歩を踏み出すためには頭ごなしに「民間の手法を導入」と言った教条主義的な手法適用には無理があります。そこで図2の様に違いと共通点を冷静に整理して、どちらが良いのでも悪いのでもなく、組織としての本質は何か、自治体の経営とは何かを少なくともトップ、幹部層が早い段階で腹を割った議論をしていくことが重要なのです。

## 1 組織の目的

まず自治体と民間企業は組織としての目的が異なります。一般的に企業の目的は利益を出すことと言われていますが、それは企業存続の条件であって最終目的ではないという認識が最近広まってきています。むしろ、企業関係者である株主・資本市場関係者、顧客・取引先、従業員や地域社会、地球環境に対する責務を果たし、「良き市民としての企業組織」として企業の価値を高めていくことが企業の目的とされるようになってきました。企業経営の世界ではこのことを「（関係者が認識する）企業価値を高める」と言っています。

これに対して自治体の目的は、「自治体の価値を高めること」になるかと言うと必ずしもそうではありません。むしろ「住む人にとって良いまちにすること」「まちの魅力を高めること」です。そしてその目的を達成するのは自治体の組織や職員だけではなく、そこに住んでいる住民であり、そこで事業活動を行っている事業体（官公庁や非営利組織、民間企業）全てであるのです。

## 2　関係者との関係

組織目的の違いはさらに、関係者の構成や関係構造の違いに結びつきます。

企業にとっての関係者は、株主、取引先（顧客、代理店、供給者）、地域社会となっており、株主と企業、取引先と企業との間の関係は基本的には需要と供給による市場原理が利いています。ですから株主や顧客から見た企業の価値が常に問われます。優れた製品やサービスを供給することによって企業の価値向上をはかる努力がなされます。

現在、日本の主要企業は資金調達の手段及び円安を背景とする世界的な企業買収の標的にされないための守りの手段として、ニューヨーク証券取引所などに積極的に上場し、株価を自らの実力に合った水準に高める動きをしています。さらに投資家に対する企業広報に力を入れていますが、それらはいずれも株主から見た企業価値を高めるための取り組みの一貫です。こうした企業関係者に対する関係を再構築する考えや手法を「コーポレート・ガバナンス」（企業統治）と言います。

これに対して自治体の場合、その関係者は納税者や負担者、行政サービスの受益者、行政活動に関する利害関係者、住民自治の主役としての顔を持つ住民と言う構造になります。しかもそこには住民から選ばれた住民代表という立場の地方議員が関わることになります。

高度成長期を経て現在に至るまで、わが国の自治体の関係者構造は、利害関係者優位で来たように見受けられます。これは「三割自治」と比喩されている通り、国と地方との財源と仕事量との均衡が取れておらず、地方は国が集めた税金をいかに獲得するか、住民のために使うかという観点で仕事をしてきたからです。しかも地場の企業の競争力が強くない地方では特に、税金がまちづくりのための行政サービス受益者というよりはむしろ、地域の活性化という名目で商売、ビジネスの糧にする利害関係者、既得権業者、団体に使われてきたのではないでしょうか。

ところがこうした利害関係者優位の関係構造が徐々に、納税者、住民自治主役主体に変化してきています。原発とか公共事業の継続是非を住民投票で行おうとする動きが出ているのも、納税者としての住民や、自分達のまちの将来像を自分達の意志と責任で決めていこうという「まちづくりの主役」としての住民が増えてきている証拠です。

つまり、民間企業の分野で現在、コーポレート・ガバナンス（企業統治、簡単に言うと「誰のために経営をするか」「どんな企業関係者に対してどんな責務を果たしていくか」という考え方）再構築の重要性が叫ばれていると同時に、行政分野でもまさに今「ガバメント・ガバナンス」（行政統治、簡単に言えば「誰のために経営をするか」「どんな政府、自治体関係者に対してどんな責務を果たしていくか」という考え）の再構築が問われていると言えます。このシリーズで山本清先生が「ニューパブリックマネジメント」理論をお話になりましたが、欧米の行政学理論に学ぶ

図3　ガバメント・ガバナンス（行政統治）

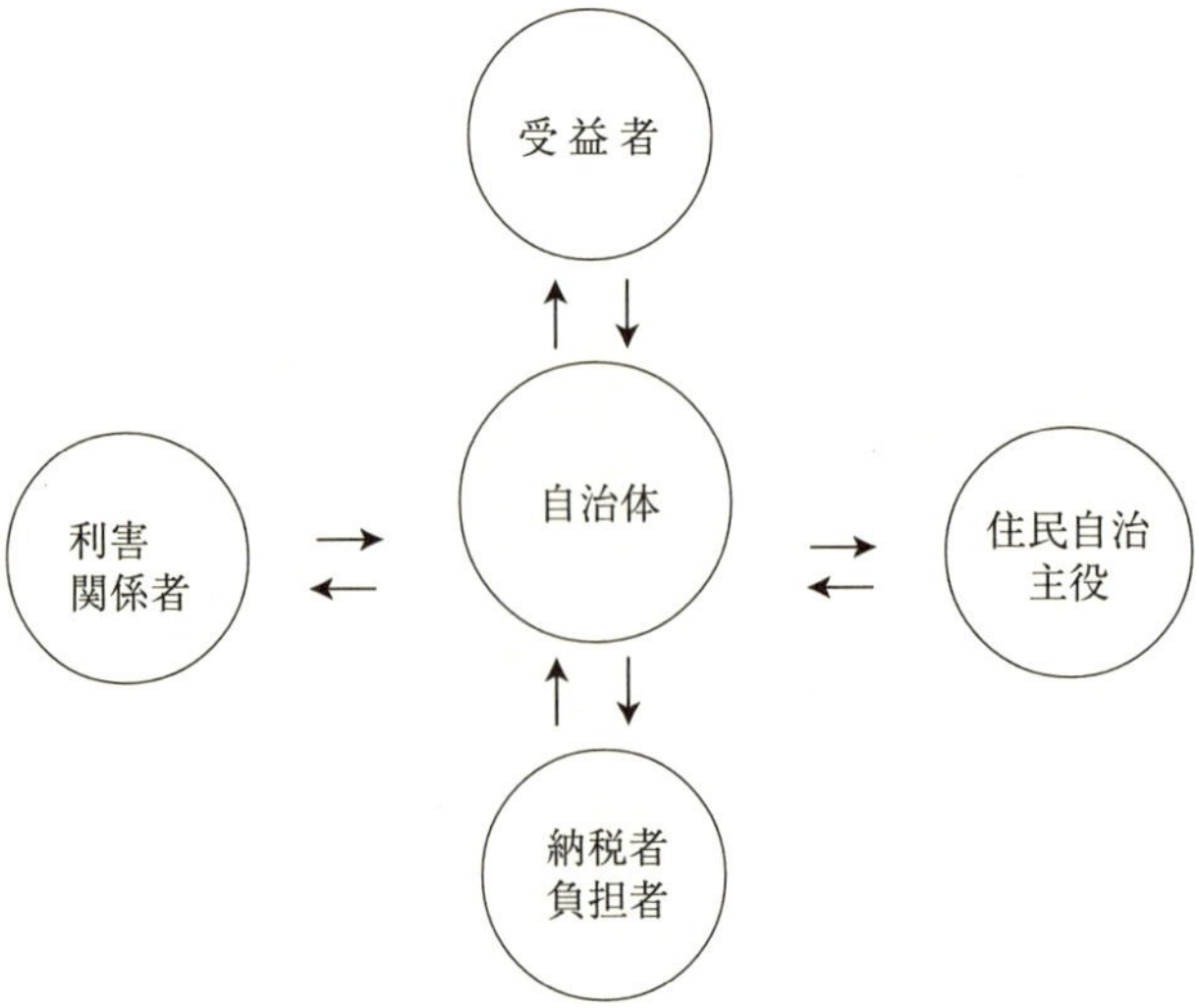

までもなく、わが国の実態で言えばむしろ、「本来のガバメント・ガバナンスに戻す」ことだと私は考えます。

図3はガバメント・ガバナンスの関係図を単純図解したものです。

従来の行政は左側の利害関係者に眼を向けた統治スタイルだったと言えます。さらに国を上位組織にして都道府県が真中、市町村が末端と言う「まるで一つの企業の様に」統治されてきた。そして次第に上位組織を中心として自らが生き延びて増殖成長するために利害関係者になってしまったのが実態ではないでしょうか。そしてそのガバナンスが二十一世紀を間近にして限界に来てしまった。

箱モノ公共事業や第三セクターの失敗の後始末を「物静かな」納税者や負担者に押しつけて「臭い物には蓋」「お騒がせしましたとの言い訳の弁で逃げ切り」する。また「負担を考えずに要求だけする」受益者住民に迎合し、将来へのさらなる負担増を考えずに、集めた税金を確固たる政策目的も打ち出せずに一律に配る。一度始めたそうした「バラマキ型事業」(=政策目的なしの税金投入)を利害関係者への配慮と、「嫌われたくない」という心情とからなかなか廃止できない。こうした従来型の利害関係者偏重ガバナンスに基づく行政運営はいつのまにか本来の行政サービスの受益者や納税者、負担者、そして住民自治の主役達の考え方や行動様式と大きな乖離が生じてきたわけで、こうしたガバナンス構造を本来の構造に変えることこそが、二十一世紀初頭の行政改革の本質と考えます。

その意味でも日本の主要企業が現在、世界の株主を見据えたガバナンス改革をするために経営理念を再構築したり業績評価制度を抜本的に改革するという状況下にあると同様、日本の自治体でもそうした従来の行政運営の理念なりシステムを抜本的に改革する状況下にあると言えます。

## 3　経営原理

三番目の違いは、各々の活動を行う際の仕組みの違いであり、需要と供給の関係を性格づけるものです。民間企業は市場原理を基本とします。市場原理が一〇〇%働いているか、あるいは不完全なのかは業界の規制緩和の程度、政府の介入度合とも関係しますが、基本的に企業活動は需要と供給とが市場において成立し、その結果、価格が決まり売上、収入が決まります。需要が無くなった市場では、いくら供給側が偉そうにしていても収入を確保することが出来ません。市場そのものがなくなってしまいます。また需要があってもそれに応える製品やサービスの競争力がなければその市場からの撤退を企業は余儀なくされます。

これに対して自治体、行政活動の原理は、富の再分配です。収入が需要と供給という市場原理で決まるのではなく、税金として集めた財源をいかに健全なまちづくりのために活用するかということが基本です。市場における需要と供給とが結びついて価格や収入が決まるという性格ではありません。言いかえると需要がなくても供給することにより需要を喚起することが必要な場合もあります。環境政策やバリアフリー政策などはその典型例です。また生活保護世帯など少数の人の福祉に応えると言った行政活動の場合、その提供価格は市場原理で決められなく、安価な、または無償となります。

実は企業の内部でも富の再分配の原理が働いている部分があります。それは本社部門や管理部門と言った「売上が立たない部門」です。一般的に間接部門と言われ、その部門経費は売上が立って利益責任を負う事業部門に賦課されます。賦課の仕方は、例えば事業部門の従業員一人あたり年間いくらという金額で賦課されたり、あるいは事業部門の売上などに比例した金額で賦課されたりします。事業部門から見ればこうした間接部門は「企業内自治体」となるのです。賦課金はまさに税金と同じです。人頭税や売上税など企業によって独自の内部税制が敷かれていると考えることができます。

八〇年代から多くの民間企業で、本社や間接部門を徹底して簡素スリムにし、少数精鋭化する努力がなされてきました。私も多くの企業で本社改革のプロジェクトを手がけてきましたが、改革の最終目的は「小型高性能本社の実現」です。小型と言うのは肥大化、自己増殖を防ぐこと。言わば、再分配する富の額（社内税金、賦課金）を極力抑え、市場原理に委ねるということです。また高性能とは、本社でなければ出来ない役割に徹して、企業全体の価値を高めるための様々な構造改革を仕掛けることを言います。こうした改革の考え方や手法に自治体が学ぶべき点は多いにあります。それは後で詳しく説明します。

### 4　経営組織の構造

四番目の違いは、経営組織の構造です。この点、民間企業の方が自治体と比べて一般的には単純です。大企業でも個人商店でも役員と従業員の二階層が基本です。よく「取締役A事業部長」「B事業部長」といった役職を作りますが、両者の役割の違いはほとんどありません。ただ前者の方は取締役を兼ねているので身分上、役員待遇となっているに他ありません。

最近でこそ、ソニーなどの主要企業では、企業経営と事業執行の分離ということで取締役と執行役員を明確に分ける組織構造改革を行い、さらに外部の人に取締役として経営参画を求めています。取締役は個々の事業内容に事細かなチェックや口出しをせずに、企業全体の長期指針や特定課題解決の方向付けを行います。

これに対して自治体は首長と議員が直接選挙で選ばれ、制度上は既に自治体経営を担う機能が、行政側の事業執行機能と明確に分かれてはいます。議会の監視機能が効き、将来的な経営を考える議会と言う会議体（議会）と日常的な事務執行を迅速に正確に行う会議体（庁議）とに明確に分けることが出来るという仕組みはあります。

ところが日本のほとんどの地方議会が将来的な自治体経営、地域経営を考えるよりは当面の事業内容、個別要望案件に直接関わる、関わらざるを得ないのが実態のようです。特に市区町村では生活道路や交通施設の整備、各種手当や団体補助金支給などおよそ、中長期的、構造改革的、全体的と言うよりは短期、日常改善、部分的と言った性格の調整に議員先生、首長、執行部幹部が貴重な時間を費やしているのが実態ではないでしょうか。これは先述した「利害関係者」偏重のガバナンスを象徴するものかもしれません。

## 5　情報公開の姿勢

五番目の違いは、組織の情報公開についての基本姿勢の違いです。企業の場合は競合企業に対する配慮が先に来ます。新製品の開発動向などは特に厳格な情報統制を行っています。ただ株主や資本市場に対しては財務状態や今後の経営計画など正しい理解推進ということを狙いにした情報公開が進んでいます。

また、組織内部では現場第一線に思い切って権限を委譲し、経営に関する情報を正しく伝えて共通認識をはかっていこうという構造改革がなされています。そこには「実際に物事の判断が出来て、適切な行動が取れるところに責任を委ね、その責任を果たすために必要な権限を与える」という思想が優良企業での組織改革の根本思想であります。

このように外部と内部で情報公開の考え方が異なり、外部に対しては競争優位に立つための企業秘密の厳守がなされており、一方、内部に対してはガラス張りの経営を目指して、情報を包み隠さず正しく適時に伝え、個人個人の責任意識と経営参画意識の向上をはかるという動きが出ています。

これに対して自治体は元来、住民自治を支える公的組織なのですから、基本的には競争企業を出し抜くといった発想を取る必要はないので、住民に対して全てを公開にという方式が取りやすいです。実際、ここ2、3年の間で多くの自治体が個人のプライバシーに配慮することを前提にすべて情報公開、原則情報公開という方向に向かっているようです。住民の知る権利というものを前提にした情報公開と同時に住民に正しい状況を伝え、住民を啓発するということを意図した情報公開が求められます。政策の立案過程から住民自治の主役である住民の参画を求め、目標や課題を共有していく、そのために積極的に情報公開をしていく。自治体の場合は、企業とは異なり、内外での情報統制の境目が基本的にはないのです。言いかえると、優良企業が取り組んできた企業内部での情報公開と個人個人の責任意識、経営参画意識の向上策は、自治体では組織内部だけでなく住民を含んだ広い範囲で適用が出来ると言うことです。これは先述した組織の目的、経営原理、関係者との関係の違いから来るものです。特にこれからは納税者と住民自治の主役としての住民に対する情報公開の必要性が高まってきます。ですからちょうど、優良企業が株主や投資家に対して迅速に正しく、わかりやすい決算情報を伝え、企業に対する信頼感や帰属意識を高めることと同様に、自治体では納税者に対して税金の使われ方やその結果を迅速に正しくわかりやすく伝えることが求められてくるのです。と同時に、様々な顔を持つ住民の実態を把握し、それを政策に反映することも求められます。それを体系だって継続的に行う仕組みが行政評価のシステム化なのです。

# 第3章　優良企業から学ぶべき経営の考え方と手法

自治体と民間企業との違いと共通点を今まで説明してきましたが、要は優れた民間企業と言うのは経営力に長けていると言うことです。経営力とは、企業関係者に対する健全なガバナンス構築力、長期目標に対して経営資源を上手く調達し活用していくマネジメント力、さらには事業活動を効果的に効率的に行うための業務運営力という構成になります。

それでは自治体における経営力とは何か？やはり民間企業と同様、ガバナンス構築力、マネジメント力、業務運営力（事務全般のやり方も含め）になると考えられます。ただ民間企業と異なるのは関係者との関係構造、長期目標の内容、経営資源の構成、業務運営の制約条件（法律や国の制約を受けるなど）です。

なお、経営力を高めるためには単に手法の適用だけでは駄目です。手法よりもむしろその背後にある考え方、基本思想がより重要です。考え方や基本思想の浸透なくして手法を適用すれば組織体質の第三段階に滞留してしまいます。また手法そのものは一時の流行商品でいずれは忘れ去られます。ですから考え方と手法とが一体で検討され取り組みされるべきです。（図4でその全体像を表しています。）

## 1　経営理念再設定と浸透度評価

ガバメント・ガバナンス（行政統治）再

図4　優良企業から学ぶべき考え方と手法

| | |
|---|---|
| 経営理念再設定と浸透度評価 | ・誰に対してどんな経営の意図を果たすか<br>・ビジョンという最終目的から手段を考える<br>・組織構成員への浸透と確認に力点を置く |
| 組織運営改革と業績評価制度 | ・組織の形よりも「実際にどう動くか」が重要<br>・実際に判断して動ける所に責任権限を委譲<br>・経営理念、ガバナンスと連動した業績指標 |
| 社内取引制度と管理会計 | ・組織内部に「擬似的な市場原理」を導入<br>・仕事の価値を金額で算定することで、互いにコストを掛けないようにする体質改革を促進 |
| 業務プロセス改革 | ・部門単位ではなく仕事の流れ全体の組替え<br>・仕事の改革と同時に配置人員適正化 |
| 人財開発 | ・人材には「人財、人材、人在、人罪」がある<br>・人的財産に対する能力開発こそが投資 |

構築時代の自治体経営にまず必要となるのが、「どんな関係者に対してどんな経営の意図を持って責任を果たすか?」といった経営理念の再設定です。これは従来の総合計画、基本構想にありがちな美辞麗句で意味不明な長文ではなく、単純明快な名詞と動詞を使って組みたてて図解した方が様々な関係者にわかりやすく伝えることができます。また経営理念は次に示す「まちづくりビジョン」「自治体ビジョン」全体の中で中核に位置するものです。

**①どんなまちにしたいのか（まちづくりビジョン、基本目標）**

これは当然、住民と共に一緒に考え、各々の地域の持っている個性とか今までの経緯を踏まえながら策定するものです。「誰にとって、どんな状態になれば良いのか?」という質問に答えられるものでなければなりません。

**②それを実現するためにはどんな行政の役割が求められるか（まちづくりの基本理念）**

まちづくりビジョンを達成するためには住民と行政との役割分担はどうあるべきか、行政の役割はどうあるべきか、さらに国、都道府県、市区町村の役割はどうあるべきかです。これはそのまま自治体のガバナンスの前提になります。

### ③どんな関係者に対してどんな意図を設定するか（自治体経営理念）

まちづくりの基本理念を受けて、それでは自治体行政組織として、どんな関係者にどんな意図を持って責務を果たしていくかです。従来の自治体経営理念は「利害関係者に対して、その要求に応えるという意図」であったのならば、それを本来のガバナンス構造に戻って「どんな納税者、負担者、受益者、住民自治主役に対して」「どういう意図を持つか」を明確に設定して打ち出すことです。意図は大きく「（対象者の）要望に応えること」と「（対象者を）ある方向に誘導すること」に分かれます。ここで特に注意すべき点は、要望に応えることが、まちづくりのビジョン達成に結びつくかということです。

私が行政評価の仕事をするようになった直接のきっかけは九二年に米国で出された「行政革命」（リインベンティング・ガバメント）という本ですが、この中の「政府の仕事は船の舵を取ることで、漕ぐことではない。サービスを提供するのは漕ぐことだが、あいにく行政は漕ぐことはあまり得意ではない。」という文章が、「これは日本の行政でも同じだ」と共感を覚え、それを９４年に翻訳出版にこぎつけたのです。それは行政の仕事の仕方、やり方を指摘しているのではなく、仕事の目的、それも意図の性格を強調しており、要望に応えるという意図ではなく、まちづくりのビジョンに向けて関係者を正しく誘導する意図がこれからの行政には大切なのだという基本思想が伺えます。

### ④体質改革の基本方向（組織の価値観改革）

自治体経営理念を確実に組織内に浸透させていくためには、従来の組織体質を改める必要があります。船を漕ぐ役割から舵取りの役割に切り替えていくためには、今まで庁内で良かれと思っていたこと、判断基準、考え方をガラリと変えていくことまで踏み込まないといけません。自治体職員の多くは、職員の意識改革の重要性を強調していますが、単に個人に「意識を変えろ」と念仏唱えてみても実際には変わり映えがしないものです。むしろ、発想や言葉の使い方とかから組織だって変えていかないと新しいガバナンスは絵に描いた餅になります。

どういう発想や言語の使い方かと言うと、「事業をどう上手くやり抜くか」「なぜ事業が上手く行かなかったか」といった事業発想を先に持ってくるのではなく、「地域で解決すべき政策課題は何か」「政策課題を解決するためには何が必要か」といった政策発想です。

事業発想に縛られていると計画を策定する際、事業の目的がいつのまにか忘れ去られ、住民の実態把握も十分でないまま「事業をやることが前提の計画」に陥ることになります。需要予測が需要予測にならず、需要願望になってしまいます。国の補助金を上手く獲得して立派な文化施設を作っても、その後の入場者が予想の半分にも満たないものが全国で沢山あります。

むしろ「施設に来てもらう人はどんな層で、どういう期待を持って来てもらうか、それは初回だけなのか」とか「継続的に来てもらうためにはどの位の頻度で来てもらうのか、どんな要因が何度も来てもらうことに結びつくのか」と言った綿密な検討が必要となるのです。

## ⑤これから必要とされる人財像（人財ビジョン・要件）

体質改革の基本方向が定まったら次に、これからの自治体経営に必要とされる人財とはどういう能力、資質、価値観、持ち味、適性を持った人か、そうした人財要件を明確に設定します。「人材」ではなく「人財」という言葉を使っているのは、人的資産として今後、教育投資や異動投資を行うことで自治体の貴重な財産としてバランスシートには出てこないまでも蓄積充実していくことが求められるからです。これに対して単なる労働力としての「人材」は民間委託や人材派遣によって低コストで調達可能となります。残った人は実際にはほとんどいないと思いますが、単に職場に居るだけの「人在」や、他の足を引っ張って体質改革の妨げとなる「人罪」は早急に変身か、転進か、引退を余儀なくされる、こうした判断基準を与えるのが人財ビジョンなり要件です。

⑥ビジョン、理念の浸透度評価

ビジョン、理念の最後にはこれらが着実に組織構成員に浸透しているかどうかの組織的な確認が必要となります。一八八六年に米国で創業し今や世界50ヵ国で現地経営をしているジョンソン&ジョンソンというヘルスケアの優良企業があります。この会社では今から五十年以上も前から顧客、全社員、地域社会、株主に対する責任を「ねばならない」という表現で明確に規定した「我が信条」という理念があります。そして約九万人の全社員が二年に一回は必ず、それらの理念に基づいた行動を実際に徹底しているかの内部監査を受けます。一〇〇を超える質問項目に答えてその結果を受けて上司と部下が語り合いを行い具体的な行動計画を策定し実践しています。参加率は一〇〇%、「忙しいから出来ない」という言い訳をする人は一人もいません。

## 2　組織運営改革と業績評価制度

従来の行政改革の取り組みは、環境部門を独立させるとか、健康福祉部門を大括り組織にするとか、課長補佐職や係制を廃止してグループ制にするとかなどあくまで組織の機構、形を変えることに過ぎなかったようです。組織機構とはあくまでも仕事の分担であり、指示命令系統を整理したものに過ぎません。むしろ作り上げた組織機構を実際に動かしていくかということについては誰も関心を払っていなかったのではないでしょうか。

この点、優良企業では組織や個人をどう動かすかということにかなり注意を払っています。先述したジョンソン&ジョンソンでもそうです。

日本企業では花王が八八年から約十年間、組織運営改革を徹底して実践してきており、多くの企業の模範となっています。花王の組織改革の目的は、一人ひとりの社員が現場の経営者として素早い決断を行い、グローバルレベルでの企業間競争に打ち勝つ強い組織体質を作り上げるということでした。花王では八八年当時、既に工場や事務所でコンピュータが積極的に導入され、電算化、OA化がいち早く整っていたのですが、当時の副社長で組織改革責任者であった常盤文克氏（現会長）は「OA化と言う器は整ったが、組織が旧態依然としている。組織改革を機に、会社の体質をがらりと変えたい」と強調し、その後、バブル崩壊の中でも着実に成長し利益の上がる優良企業体質になりました。

花王の組織機構は頻繁に変わります。企業環境変化に的確に対応するためには、組織図がどうのこうのだとか、業務分掌規定に入っている入ってないのを議論調整している余裕はありません。組織の形が頻繁に変わっても混乱はなく、というのは仕事の進め方や各人の責任権限を明確にしていれば組織はその時の状況や課題によって柔軟に変わるものだという認識が徹底されているからです。着実に組織体質の変革が進んでいるのは、第一線に責任権限を委譲して、その結果を業績評価して毎年の計画や実行に反映する仕組みづくりに多大なパワーがかけられているからです。

組織運営改革は単に業績評価の手法や情報公開のツールだけでは達成しません。今までの組織体質を変えるという強い改革理念と、組織を動かす仕掛を絶え間なく行うエネルギーが必要です。

組織運営改革は、花王のようなグローバル企業だけでなく、自治体に比較的近い地域密着型の公益事業である電力会社やガス会社でも九〇年代から積極的な取り組みがなされてきました。大阪ガスなど主要ガス会社が現在行っている組織運営改革の目的は三つあります。まず「徹底したお客様志向」ということで、ガスの供給、販売、サービスを一体化して動くということです。電力会社でもガス会社でも自治体に似ていて、同じお客様に対して各部が別々に対応して縦割りの弊害が指摘されてきました。お客さま志向とは、「顧客のエネルギーに関する課題を解決してあげますよ」という考え方であり、それを具体的に全社員に浸透徹底させるために第一線の事業所、営業所で事業活動を一元化する、その所長や管理者に大幅な権限委譲をはかる。そして迅速な意思決定と顧客への的確な対応をはかり、苦情やトラブルを未然に防ぐと言うことです。

二番目の目的は、「経営する組織体」ということで、原料調達、ガスの製造、幹線輸送、地区へのガス供給販売、広域ガス開発など各々の経営責任を明確にして、自分達の顧客は誰なのか、売り物は何なのか、市場原理を適用した場合、どれだけの価格で買ってもらえるのか、そのためには自分達の仕事のコストをどれだけの水準でやりくりしなければならないのか、そういう組織にするという理念の具体化実践です。

三番目の目的は、「自律した組織体を実現すること」。これは明確な業績目標と責任権限に基づいて主体的に事業計画や業務計画を立てて、その目標達成度で自分達を評価していこうという考えです。

こうした目的を達成するために経営手法として各社で導入されているのが第一線の事業所の業績評価手法と管理部門、間接部門の社内取引制度です。第一線事業所の業績評価の特徴は単に成長性や収益性だけでなく、地域に信頼され支持される一番店にどれだけ近づけたかを把握測定できる公益性指標を重視している点です。特に電力やガスは地域住民にとってエネルギーという商品だけでなく安全という商品を買ってもらっているので単に利益や効率性だけが強調されているのではないのです。これらは水道事業や交通事業などにそのまま適用できると思われます。

## 3　社内取引制度と管理会計

社内取引制度というのは、需要と供給による売上価格形成と言う市場原理が利いていなかった管理部門、間接部門の仕事に対して擬似的な売上価格形成をはかるものであります。これを自治体に例えると、それまで一般会計で賄ってきた事業をその受益者に対して「この事業の正味のコストはこれだけ掛かっており、皆さん一人あたり、一回の利用あたりにつきこれだけの価格を頂戴します。よろしいですか？」とか「そもそもいくらなら払ってもいいですか？」と語り掛けるものです。

社内取引制度はここ数年、コスト競争力を高めようとしている製造業を中心に相次いで採用がされています。代表的な会社の一つとしてオムロンが挙げられます。

オムロンでは人事、総務、経理と言った間接部門の仕事を八〇年代まで全社管理費で賄ってきましたが、九〇年代に入ってから相次いで、社内事業部として独立させ、それらの仕事の受益者である事業部門に対して個々に社内取引によって有料で仕事を引き受けるというやり方に変えました。単に管理事務、庶務事務を集中するだけでなく、それを社内独立会社として専門化し、社内の受益者である各部を顧客として見たてて、自分達の仕事をセールスすると言う組織運営改革を行ったのです。

九三年からはさらに本社部門にもそれを広げました。九三年の十月に検討プロジェクトチームを設置し、本社の各部門から有能な人を8名程引き抜いて、自分達の仕事をどう整理するか、どう売上価格を形成して顧客である社内各部に買ってもらうのかを検討しました。九四年三月に基本方向の答申が出て、それに基づき九四年七月から人事部とか総務部など各部門に詳細検討プロジェクトチームが設置され、三ヶ月後の十月に経営会議で正式決定、九五年二月に組合の協力を取り付けて、九五年四月より本社部門の社内取引制度の運用と人員再配置が始まりました。これによって本社の人員はそれまでの一、二〇〇人から六五〇人とほぼ半減しました。

ただオムロンの組織運営改革の目的は単に間接部門を効率化してコスト削減をはかることだけではなく、「余計な仕事を互いが生まないようにしよう」とするコスト意識、風土を醸成することです。また間接部門からすれば自分達の仕事の価値が定量的に把握できることになります。受益者であり顧客でもある社内各部から「この仕事は非常に役立っている。だからこれだけの価格を支払う価値がある。」と評価されることになります。逆にどんなに間接部門が努力した仕事でもそれが社内各部にとってはあまり必要性がなかったり、逆に社内各部の仕事の足を引っ張っている場合は「そんな仕事は要らないよ」という評価になります。もともと誰がやっても結果が同じとなる定型的な仕事、事務処理などは「そんなに価格が高いのであれば社内発注しないよ。直接外部から購入するよ。」ということになります。

皆さんの自治体では恐らく、人事課などで全職員の給与支給事務を行っているでしょうが、支給対象となる職員一人一ヵ月あたりいくらのコストとなるでしょうか?オムロン形式を適用すると、コストが算定される。そして配置職員数に応じて各部や課に定期的に請求書が行くことになります。それによって組織内部に市場原理が働くようになるのです。

この考え方と手法は組織の規模にもよりますが大体、職員数が一、〇〇〇人以上の自治体組織では内部運営に適用ができるはずです。しかしそれ以上に重要なのは、これは単に各部と人事課、間接部門との関係に適用するよりもむしろ、自治体と住民、自治体の中でも都道府県と市区町村との間に適用が出来ると言う点です。

市区町村と住民との間で言えば、住民サービスにこの社内取引制度の考え方や手法が適用できます。実際にある首都圏の自治体で、全ての住民サービスをメニュー化して、受益者や利用者の利用一回当り正味どれだけのコストがかかっているのか、仮にオムロンの給与支給事務と同じように社内取引価格を市場原理で設定したらいくらになるのかを算定しました。そうしたら何と、市営プールの一回当りの正味コストは五、〇〇〇円にも上る。消防車の出動などは一回当り三三万円にも上ることがわかりました。これらのコスト算定は職員の人件費を含めていますが、土地や建物の使用料とか減価償却費は含めていないので、仮に市営プール事業や消防事業を民営化した場合にはさらに高い価格をつけないと事業としてはやっていけないことになります。

正味コストを算定して、「これだけのコストが掛かっています。民間企業的に運営していくのであればこれだけの価格設定をさせてもらいますが、どうお考えですか?」と住民に情報公開して意見を聞いてみたら住民は様々な反応を示すでしょう。「何で高級ホテルのプールが一回当り五、〇〇〇円程度なのに、それと同じ位のコストが掛かっているのか。民間企業並にコスト管理をやっているのか?維持管理の委託費が適正でないのかあるいは必要以上に職員が多く配置されているのか?」と疑問を投げかける人も出てくるでしょう。また「実際の利用料との差額は我々の税金でまかなっているということか。それでは出来るだけもっと利用しよう」とか「一部の利用している人のために利用できない、利用したくない我々の税金が使われるのは納得がいかない。もっと利用料を上げるべきだ。」とか「そもそものプールは近隣の市町村の人達も利用しているのだから、もともとは広域事業でやった方がいいのではないか」など様々な議論が沸きあがってくるでしょう。

社内取引制度は別名、「サービスの直課方式（ダイレクトチャージ手法）」とも言われ、オムロンでの適用後、アルプス電気や京セラ、ホーネンコーポレーションなどコスト体質強化を図る製造業で相次いで導入され、最近では電力会社やガス会社にも広がってきています。

なお、社内取引制度を支えるものとして管理会計があります。管理会計とはマネジメント、内部運営を支援するための会計を言います。企業会計にはこの管理会計の他に、株主など外部関係者に対するアカウンタビリティ（業績結果責任と報告責任）を果たすための財務会計があり、この2つが柱になっています。

最近、自治体の間でブームになっているバランスシート、特に自治体としての貸借対照表の作成はどちらかというと財務会計の範疇に入るものです。先述したオムロンの社内取引制度における社内取引額などは財務会計には上がってきません。むしろ管理会計として扱われる数字です。管理会計を自治体に導入するということは市民サービスや個々の事務事業、さらにはその大元の施策に関して正味コストを算定することになります。

最近、ＡＢＭ（活動基準原価管理）という手法が民間企業では普及しつつありますが、商品などの物流費などを商品毎に厳格に算定する手法であります。この手法はそのまま自治体の事務事業や住民サービスには適用出来ません。というのは業務委託費として個々の事務事業のコストとして扱われているからです。むしろ自治体において現実的な適用としては、人件費をいかに個々の事務事業や住民サービス毎に算定するかということです。そのためには職員一人ひとりが一年間を通じてどの事務事業にどれだけの時間を掛けたのかを明確にする仕組みと、それらの合計を人件費として算定できるように内部の人件費単価を設定維持していくことが必要となります。ＪＭＡ（日本能率協会）グループではこの手法を「事務事業評価と連動した事業別定員管理システム」として多くの自治体で適用をしています。

## 4　業務プロセス改革

四番目に業務プロセス改革の考え方と手法から学べます。業務プロセス改革は単に事務管理や定員適正化ではありません。仕事のプロセス（過程）全体を抜本的に見直し、組み立て直すことを言います。支払事務に例えれば出納部門だけの改善活動ではなく、発注部門、受注業者、検査部門、出納部門と一連の事務の流れ全体を根本から組み立て直すという改革活動です。自治体では国や都道府県、市区町村を結ぶ一連の補助金支給事務や精算事務などはその適用候補かもしれません。

先述した花王では組織運営改革と並行して徹底した業務プロセス改革を展開し、スリムでかつ高い品質の仕事への組立を実現してきました。業務プロセス改革の基本的な考え方は、個々の改善提案といったミクロ的部分最適な発想ではなく、プロセス全体を把握してそのプロセスにおける登場人物、関連部門の全てを巻き込んでプロセス全体のビジョンを描き、プロセスの業績指標と目標値を設定してその達成に向けて情報技術を活用したり関係者の教育訓練を徹底したりして改革を定着化していくものです。

最近、自治体では「電子県庁」とか「電子市役所」などのタイトルでとにかく部課長層からパソコンを配り、庁内をネットワークでつなぐというOA化推進が派手にやられていますが、同時にこうした業務プロセス改革をすべきです。さもないとせっかく高い費用をかけて行ったOA化投資の成果が目に見えないものになるでしょう。パソコンやネットワークは道路にしか過ぎなく、その上を走る車を作っていかないとまさに「無駄な公共事業」として後々納税者から指摘されるかもしれません。

業務プロセス改革は、無駄な仕事を減らして職員を雑務から解放させるものです。ですから改革の進行管理と同時に配置人員を削減していく「事務量管理と定員管理の連動」が必須となります。各課の定員一律削減などという安易な手法に満足していてはいけません。業務プロセス全体を見とおし、冗長なプロセスの短縮や経由カットなど皆が全体最適の考え方で検討していけばスリム化はお題目だけでなく実現可能となるでしょう。

川崎重工業という伝統的な大会社があります。長年、工場を中心とした生産現場のコスト削減を徹底して推進してきました。しかしその努力も限界に近づいたと言うことで九八年度から生産現場以外の全部門を対象に業務プロセス改革を徹底して行い、その成果を時系列で見てどの位改善効果があがっているのかを社員全員が互いに確認し合い、さらなる業務の効率化、コスト削減を恒常的に進めることがなされています。例えば大型設備を設計する技術部門では、売上高に占める補償工事費の割合を業績指標として設定して、補償工事をいかに少なくするか、補償工事を生ませる全てのプロセスに関わる社員一人ひとりの目標に展開し、その達成度がそのまま給与に連動すると言う徹底をはかっています。

## 5　人財開発

最後に民間企業から学ぶべき考え方と手法は人財開発です。人的財産はバランスシートには出てきませんが、常に能力開発と言う投資を行うことによって、新たな価値を生み、それがまた他の人の育成を行うことによって拡大再生産のサイクルとなるのです。

人財開発は、一人一人の職員の能力水準を評価して、それを人事異動や能力開発、仕事を通じての職務遂行能力向上に結びつけるものです。企業における個人評価は、営業マンに代表されるような仕事の成果を数値化してそれだけで評価するような印象を持たれがちです。確かに全体としては仕事の成果が重視される傾向にありますが、一方で今まで以上に、仕事の成果を生み出す過程をより分析的に評価するという取り組みもなされています。

キリンビールでは九六年から管理職を除く社員全員が自らの仕事の処理能力を評価した「スキルマップ」と言われる評価表を毎年作成しています。これは自分自身の能力水準が全社の標準と比べてどうなっているのかを一年に一回自己評価し、上司との面接を通じて調整し、それに基づいて次年度にはどの能力をどの水準まで高めるのか、そのために自分が努力することと、上司や会社に求めるものをすり合わせし、また一年後、その目標達成度を振りかえるというものです。

能力の水準とは「全く知らない」「できない」から「人に聞かれて即答できる。教えられる」「自分で工夫できる。指導できる」など4段階に分かれています。かつてこうした個人別評価は管理職が本人にとって見えないところで行ってきました。言わば、調整型・密室型の評価スタイルが主でした。今でもそのスタイルから脱皮できてない企業も多くありますが、最近では富士ゼロックスの様に「この役職、ポストにはこういう能力、資質が必要です」とインターネットで内外に公表するという企業も出てきました。

最近、自治体の中でも管理職の登用時にこうした能力評価を導入するところが出てきましたが、本来は管理職以外の全職員にこうした自己評価を適用した方が、能力開発や自己申告と連動できます。さらにジョンソン&ジョンソンの様に定期的な理念浸透評価も加えるべきでしょう。

いずれにせよ個々人の能力評価とそれに関わる教育訓練は人財開発の要になるものです。

# 第4章　評価の本質

さてここから「どう実現する政策評価」に入っていきます。政策評価とは何か、何を狙ってやるのか、それを実現するとはどういうことか、その実現に際して今まで述べてきた優良企業からの学びがどう適用されるのかに触れます。

本講座では政策評価という言葉が使われていますが、一方で行政評価と言われたり、事務事業評価と言われたり、様々な呼び方がされています。ただ重要なことは学問的な言葉の定義よりもまず、「今、なぜ評価なのか」です。つまり、どんな背景で評価の必要性が叫ばれてきたのか、どんな自治体経営上の課題を解決しなければならないのかという評価の目的そのものです。

ところが最近の自治体の取り組み状況を拝見すると、「指標の設定をどうすればいいのか」とか「評価表をどう作ればいいのか」とか「マニュアルの雛型はないだろうか」とか評価手法に関心が偏重しているのが気になります。

本来、評価の仕組みは、評価の目的や評価する人の評価能力の程度によって進化していくべきものです。その点では先に述べた様な民間企業、優良企業における業績評価制度や個人能力評価の取り組みから学ぶべきことは多いにあります。社内取引制度でもそうです。単にコストを削減するという目的と、コストを目に見えるように金額で算定して関係者同士が必要以上のコストを掛けない強固な体質を築き上げていくという目的のどちらを採るか、それによって仕組みや制度のあり方も大きく変わってくるのです。そういう観点でまず、背景と目的について説明します。

## 1　行政評価が関心事となってきた背景

わが国の地方自治における行政評価、政策評価の発展の流れは5つあるようです。

### ①総合計画の進行管理の発展

一番目は総合計画の進行管理領域での発展です。川西市や川崎市などで基本計画や実施計画の進捗度を従来の予算執行や事業進捗だけでなく、成果の観点からも達成度管理して計画部門と事業部門との共通認識をはかる、計画と予算との連動をはかるという流れです。

### ②シーリング予算編成の限界打破

従来のシーリング予算編成の限界に多くの自治体が気づき始め、予算編成の基本単位である事務事業を一律ではなく、ゼロベース（白紙）で見直そうという流れです。九〇年代後半に入って、いずれの自治体も税収低下やバブル期に建設した大型施設の借入金返済、維持管理費の膨張などで財政危機に陥ったこともあり、もはや事務事業の予算額一律削減ではなく、元から断ち切れという声が大きくなってきました。

### ③行政監視、監査の限界打破

三番目は、九〇年代に相次いで露呈された一連の不祥事を契機とする行政システム、行政機関、公務員に対する納税者の信頼低下です。もはや従来型の行政監視、行政監査では駄目だということから、第三者が行政機関の仕事を評価する必要がある、そうすれば行政の無駄がもっとなくせるはずだという認識が高まってきたわけです。全国の地方議会で議員の先生方から行政評価を導入すべきと言った代表質問が相次ぎ出てくるようになったのもこうした行政不信が背景にあるようです。

④行政体質改革の手段としての適用

四番目は、先述した米国での「行政革命」を契機にして、行政組織の体質そのものをガラッと変える。そのための自己改革手法として、企画—実施—評価の一連のマネジメントサイクルをきちんと回すという組織運営改革としての取り組みです。これは三重県の「事務事業評価システム」が先鞭をつけ、その後多くの自治体や国の「行政評価システム」づくりの契機となり、先行例先進例となったことは間違いありません

⑤新行政運営理論としての研究

五番目は、学術的な研究としての行政評価の流れです。八〇年代から九〇年代にかけて英国やニュージーランドが国家レベルで財政構造改革を成し遂げたのですが、その改革の根拠となったのがニューパブリックマネジメント。詳しくは本セミナーで山本清教授が既に語られているので重複した説明はしませんが、その基本理念は、行政活動を企業の顧客サービス活動としてとらえ

て、市場原理、競争原理、契約原理を適用して、サービスの受け手に立った費用対効果を追求した行政運営をはかることと言われています。

日本でこの理論が最近注目されるようになったのは三重県を始めとする多くの自治体での行政評価システムの取り組みにあります。つまり日本では「理論があって実践がそれに従った」のではなくむしろ、「最初に実践があり、そこから理論的な研究が始まった」と言えます。というには行政評価に関する論文や書物が多く見られるようになったのが三重県での取り組みが注目を集め始めた九七年位からです。

実践がきっかけで学術研究が進むことは多いに結構なことです。ただ最近少し気になることは、自治体で実際に導入する立場の職員が自らの役割使命を忘れ、いたずらに学術研究や他自治体の批評家になってしまうことが見られる点です。既に取り組んでいる自治体では未だ定着化を目指して評価能力を高めている段階なのですから、そうした「半熟状態」のものを「行政評価を評価してみる」などと評論家的な態度をとってみても「だから、あなたの所ではどこからどうやって取り組むのか?」「それでどうやって庁内の各課を誘導していくか?」という質問に答えられなければ実務家とは言えません。学術研究や批評は公務ではなく私的な自己啓発として取り組むべきでしょう。もっとも実際に庁内で導入、定着化を進めていく際には関連部門との連携とか、日程調整などやるべきことが目白押しに出てきますのでそんな余裕などないと思いますが。

## 2　どんな自治体経営課題を解決するのか

行政評価と政策評価との定義以前に一体、何を狙うのか、どんな経営課題を解決するのかを考えることが重要です。決してニューパブリックマネジメントを庁内に適用することが行政評価導入の目的ではないはずです。住民から見ればそんな高尚なことよりも、現実の「お役所仕事」の無駄を排除してほしい、財政健全化は住民の負担増を招かずに自助努力で行うべき、民間企業の厳しさを思い知れということかもしれません。

では現実に自治体で顕在化している問題は何

図5　自治体ビジョンと経営課題

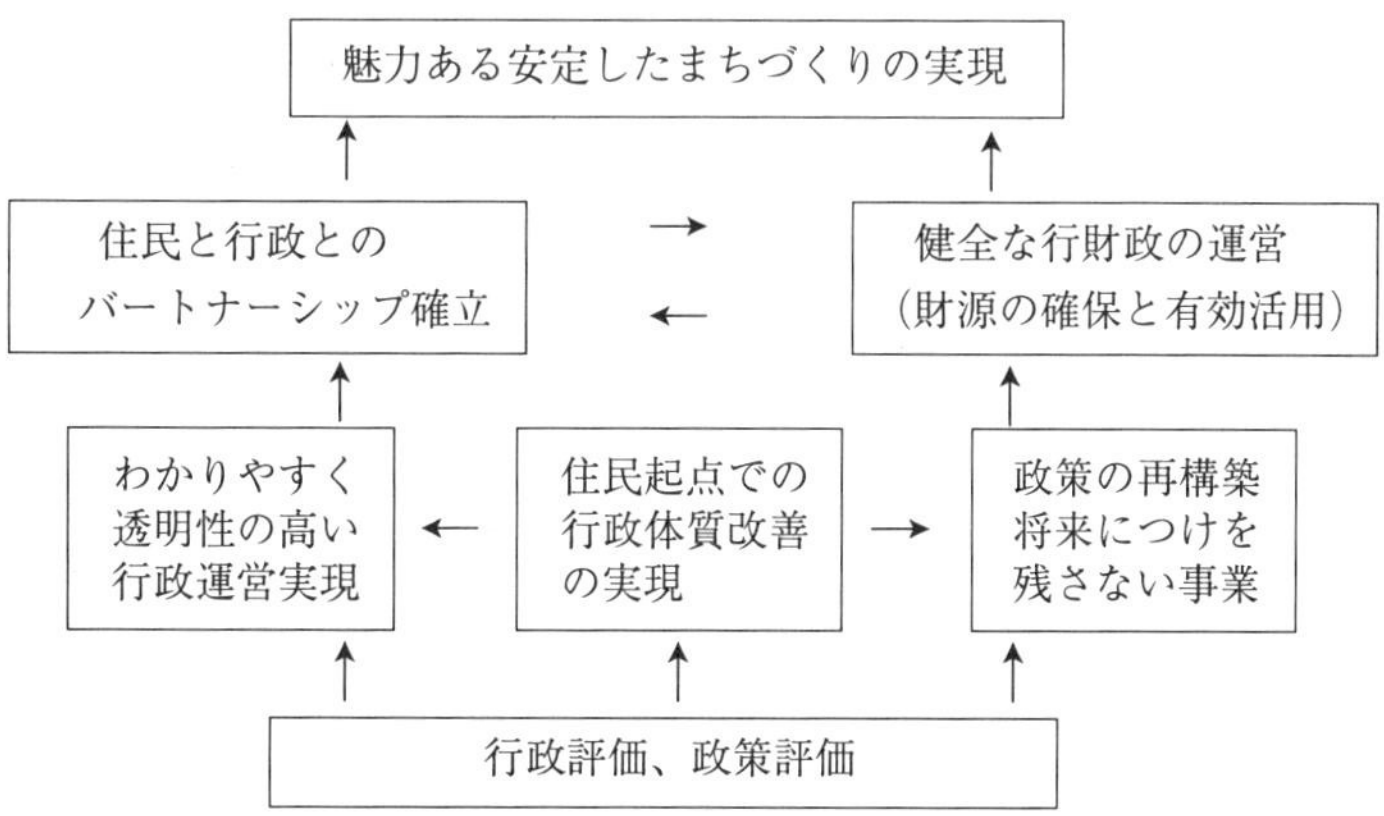

か、二十一世紀に渡って住民から信頼される行政になる、なり続けるためにはどんな経営課題を解決しなければならないのか、そこから目的を設定し、その目的に最も合致した評価制度、手法を作り上げていくことが重要です。これも優良企業の改革実践、組織運営改革の考え方から学ぶべき点です。**図5**はこうしたビジョン、課題、行政評価システムの目的を整理したものです。

### ①住民と行政とのパートナーシップの確立

自治体の最終目的は「魅力ある安定したまちづくりの実現」です。それを達成するためには住民と行政とのパートナーシップを確立することと、健全な行財政運営を保っていくことが主要課題と考えられます。

なぜパートナーシップの確立かと言うと、今までの住民と行政との間が相互依存と言うか、相互の認識ギャップが大きいからです。つまり、「住民が考える行政の役割」と「行政が考える行政の役割」、「行政が考える住民の役割」と「住民が考える住民の役割」とに各々差異が見られるということです。この認識ギャップは、相互不信を招いたり、住民の行政への無関心を生んだりしますし、一部の利害関係者の声に自治体職員が振りまわされてしまう実態を招きます。

魅力ある安定したまちというのは、そこに住む人々が納税者（及び負担者）、行政サービス受益者、住民自治主役としてバランスの取れた判断と行動をするまちと考えられます。中でも住民自治の主役としての自覚や判断、行動はこれからの自治体経営には不可欠です。というのは、ごみ問題対策や環境負荷軽減、地域としての子育て強化など、これから自治体が直面する政策課題の解決にあたっては単に自治体だけの努力ではなく、住民一人ひとりの理解と自覚、行動変革を必要とするからです。

住民とのパートナーシップ確立をお題目で留めないためには、第3章—1の「経営理念再設定と浸透度評価」で述べた通り、「どんなまちにしたいのか」というまちづくりビジョンと基本目標、それを達成するための住民と行政との役割分担とその基本理念に関しての認識共有化を地道に行うことです。また住民全体をそうしたパートナーとしての住民、「シチズン」に誘導していくことが自治体の第一の役割だと考えます。そのためにはまず行政側が持っている情報を正しく包み隠さず伝えることです。これは「行政革命」における「船を漕ぐ役割から舵を取る役割へ」という基本理念に通じるものです。

最近、行政評価の一貫として住民に施策毎の満足度をアンケート形式で尋ねるやり方が見られますが、要求偏重型の住民なのか、均衡がとれたパートナー型住民なのかの判断をしないままその結果を鵜のみにすれば、従来の公聴の域を出ないでしょう。むしろ第3章3社内取引制度で述べた通り、自治体が行っている施策や事業を正味コストで表すことによって、要求偏重型住民だけでなく、従来は黙っていた「納税者、負担者」としての住民の声を反映することが出来るし、パートナーシップを支える住民構造への転換が可能となります。このことはもう一つの自治体経営課題に関連するのです。

**②健全な行財政運営の実現**

将来に渡り健全な行財政運営をはかっていくことはもう一つの大きな柱です。国の景気対策に従わなければならないという側面もありますが、財政破綻に陥った場合、あくまでも自治体側に責任が帰するわけですから、将来に負担を先送りをしない健全な行財政運営を確実にしていくことがもう一つの経営課題の柱となります。

健全という意味は何も、ケチケチ行政に徹底せよと言うことではありません。納税者から集めた税金を、まちづくりの実現のためにどの政策分野に投資していくかが最も重要な点であり、そこに政策の事前評価や事後評価が重要な意味を持ってくるのです。

その点、民間企業における設備投資の考え方と共通しています。ただ現実に大きな違いがあるのは、企業では投資に対する回収という考え方が徹底され、その結果責任体制が明確になっているのに対して、行政の世界ではそれが政治と連携して税金の配分に止まる、時にバラマキに陥る、との納税者からの批判を受けている点です。

また投資回収の必要性はわかっていても、このまま行ったらどんな状態になるのかといった将来予測、判断に使えるデータがほとんどないと言うことも実態ではないでしょうか。

少なくとも課長クラスの部門責任者は向こう5年間の財政見通しを「成り行き水準」での予測値として共有化しておくべきです。「成り行き」という言葉は民間企業でよく使われる言葉ですが、要するに「今まで通りの推移で行けば」といった予測の前提条件が明確になっていて関係者の大半がその通りになると予測できる水準を言います。

特に自治体ではこの十年間で相次いで、地方債を発行して豪華で維持管理費のかさむ施設建設をしてきました。これらの償還が毎年いくらの一般会計負担になるのか、施設の改修工事などは何年先からどの位の負担増になるのか、それらを合わせると一般会計にどれだけの負担増となるかは全庁的な課題であり、財政担当部門だけが把握していればよいというものではありません。

また財政担当部門であっても見逃しやすいのが「隠れ負債」であります。これは外郭団体の赤字補填や債務保証といったバランスシート（貸借対照表）に表すことのできる負債だけではありません。住民から土地を借りて公園や公的施設などを運営しているが、その賃借の際に「相続税の問題が発生したらその時点で役所が買い上げる」という口約束をしているが、それを財政担当が把握していないという実態がいくつかの市役所で見受けられています。こうした実態は結構、どこの自治体でもあるのにバランスシートの検討が教科書レベルに止まっているために穴が開いてしまっているのです。いずれ公会計制度の抜本的見直しの時期が来ると思いますが、こうした自治体特有の賃借行為を前提にした債務負担額算定方法整備の必要性を感じます。

ここで、財源の確保と有効活用と書いていますが、財源確保のためには三つの方策が設定されます。一つは新たな財源確保策。これについては今後、自治体の裁量で独自地方税が出来るようになってくると予想されます。ただ、どのような財源確保策であっても負担増を招くのですから負担する側、納税者は反対するでしょう。そしてその都度、自治体は「無駄な仕事や人を減らすべきだ」との厳しい指摘を受けることは目に見えています。それでなくても従来は国の補助金をいかに獲得するかという「補助金市場獲得作戦」を展開してきたのですから、その矛先が国の補助金市場から、取りやすい納税者市場へと転換しても決して「健全な」状態にはならないと考えられます。

二番目の財源確保策は、当たり前のことですが収納率の徹底であり、決められたルールに従い、納税者に税金を払ってもらうということです。民間企業に例えれば会員制のスポーツクラブなどと同じて、他の会員がちゃんと会費を納めているのに、それを納めない人がいる場合、一ヵ月くらいの口座引き落とし不能ならともかく、払えるのに払わない人は一定期間を過ぎれば会員の資格を剥奪されて当然であります。税務課の担当の方々はそもそも五種類の住民を相手にしているのです。

①納得して税金を納めている人
②あまり納得はしていないものの、ちゃんと真面目に納めている人
③ただ怠慢で納めないことに罪の意識を感じない人
④行政全般に怒りを感じてわざと納めない人
⑤お金のなく納められない人。

滞納率（正確には課税対象者数に対する滞納者数の比率）はあくまでも、納税者が納めたか納めてないかを把握できる指標にしか過ぎませんが、納得しているのかどうか、納税に対する認識はどうかを把握することも必要なことです。また、わざと納めない人は明らかにルール違反をやっているので悪質滞納者として定義し、公表を含めた断固とした措置をすべきです。実際には前例がないと及び腰になりがちな方が自治体には多いのですが、大切なことは「ちゃんと真面目に納めている人達のことを考えているのか?」ということです。住民と自治体とのパートナー

シップ確立の必要性がここでも出てきます。

三番目の財源確保策は、多額の税金を納めてくれる企業を誘致したり、地域の雇用確保を推進することによって自治体としての拡大成長を継続していくことです。しかしこれはそれなりの歳出増加を招きますし、住民との利害関係問題にもなりやすいし、そもそもバブル期の一連の公共事業失敗などはそれが裏目に出たものと指摘されます。逆に見ると自治体が行う事業は将来の自治体の財源確保にどう結びつくのかを、民間企業における設備投資や新製品開発と同様に、関係者間で共通認識をはかり、そこにはどんなリスクがあるのか責任権限体制を明確にしていかなければならないということです。事業を新たに始める際の事前評価が必須となります。

そうなるとこれからは、限りある財源を住民にとって魅力ある安定したまちづくりのためにどんな考え方でどのように投資していくのか、そしてその結果をどう評価して次の投資意思決定に反映させていくのか、これが行政運営の要点となります。「出来るだけ財源を確保する」とか「国の補助金は貰える分だけ貰ってしまえ」と言った高度成長期の幻想、自分の任期中のことしか考えないエゴを捨て「これだけの財源でまちづくりの成果を追求する」という構造改革の常識を持つことです。その常識は自治体内部だけでなく、納税者であり、住民自治の主役であり、行政サービスの受益者である住民にも受け入れてもらうことが必要です。そこで「健全な行財政の運営」

と「住民と行政とのパートナーシップの確立」とが相互に関係してくるのです。

## 3　何を目的とすべきか

ここまで話してくれば、これから自治体で新たに導入し組織運営改革の一つとして定着化を目指していく行政評価、政策評価の目的が浮かび上がってきたかと思います。

### ①政策の再構築（政策と事業の関係を変える）

政策の再構築とは、まちづくりの実現のために、地域として解決すべき課題は何なのか、それを住民とどうやって共有化していくのか、住民とどう協働関係を作っていくか、そういうところを起点として取り組む事業を組み立てること、そしてそのことが将来につけを残さないように関係者間での責任権限を明確にするということです。

政策と事業との関係は、あくまで目的と手段の関係でなければなりません。政策課題や目標を達成するために予算と人をつけて事業を行っているのです。ところが長年安定した中央集権的な行政システムに安住してきた自治体職員は、事業をやること、継続させることが目的になっているように見うけられます。

特に市区町村では直接、住民と接して事業を行っていることから、本音としては「まちづくりに必ずしも結びつかない事業だな」と気づいていても、なかなかそれを言い出せません。また首長や議員が自らの政治的利害調整目的を果たすための有力な手段として、はじめに事業ありき、施設建設ありきとなり、現場の職員には「この事業、施設は誰々さんの厚い熱意で始めたので見直しのしようがない」となるのです。

### ②わかりやすく透明性の高い行政運営の実現

二番目は、住民に地域や自治体の現状を正しく伝え、将来像と課題を共有化する過程をより透明にしていくことです。住民とのパートナーシップを確立するためにはまず、住民に気づいてもらう、理解してもらう、参画してもらう、行動してもらう、そして核になってもらうというステップを踏むべきです。そのためには住民に対してどんな情報を、どんなタイミングで、どのような方法で伝えるのかに常にこだわることが求められます。

またコミュニケーションは行政からの一方通行ではなく、双方向でなければいけません。ということは従来の広報広聴の考え方や手法、住民実態調査、意識調査などの考え方や手法を抜本的にトータルシステムとして変えていかなければならないでしょう。当然、情報公開の考え方も従来のような開示請求に対して小出しに答えるという受身的な姿勢、公開は例外と見なす例外主義の常識を、住民とのパートナーシップ確立のために積極的に対話をしていくという姿勢、公開は原則として、例外的に個人プライバシーを配慮するという原則主義の常識に転換をしていくことなのです。

ここまでの話で既におわかりだと思いますが、要するに地域の課題を解決していく際の自治体と住民との責任と権限に関する分担をはっきりさせることが先述した政策の再構築でした。その責任権限の遂行状況なり遂行結果を互いに確認し合えること、そんな状態を築き上げていくことが「(住民と自治体が共に)わかりやすく透明性の高い行政運営の実現」だと言うことです。よく行政評価や政策評価の目的の一つとして「アカウンタビリティ(=説明責任)の向上」が挙げられています。しかし単に住民に対する行政側の結果責任を果たすとか、説明責任を果たすと言うことではないように見えます。

パートナーシップ型のアカウンタビリティとは、パートナーとしての役割を互いに認識し合い、その役割遂行に対する結果責任と報告、説明責任を負うというものでなければいけません。その意味では、民間企業における顧客と企業、株主と企業との関係よりもより双方向的であり、顧客や株主が企業に対して要求だけをするというスタイルではいけないのです。その点、従来の行政システムでは、ややもすると住民が政治を介して行政側に要求だけをする。行政の方は「あえて物議をかもすのはよそう」「事があらわになってから対応を考えよう」という守りの姿勢になるのだと思います。

それではパートナーとしての住民の役割責任、自治体の役割責任は何か？それは先に述べたように住民の立場によって異なります。納税者としての住民の役割責任は「期日通りに納税すること」と同時に「税金の使われ方に関心を持ち、それがまちづくりにどれだけ結びついたのかを監視すること」です。その責任を果たすために「情報を知る」という権限を持っているのです。一方、納税者に対する自治体の役割責任は「例外を作らずに税の徴収をする」と同時に「税金をまちづくりに正しく効果的効率的に使って、その結果を正しく納税者に報告する」ことになります。

行政サービスの受益者としての役割責任は、「受益者としての資格を失ったら行政サービスを受けることをやめる」と同時に「自分が受けているサービスには自分が払う受益者負担分だけでなく皆の税金が使われていると認識する」ことでしょう。行政サービスの受益者に対する自治体の役割責任は「受益者の側に立った質の高い効率的なサービスを提供する」ことと「その行政サービスをなぜ行政がやらなければならないのか、なぜ税金を投入して行うのかについて説明する」

ことでしょう。

住民自治の主役としての結果責任は、「まちの将来像を考え、それを実現するための課題に主体的に取り組むこと」に尽きます。そして住民自治の主役に対する自治体の役割責任は「まちの将来像や課題を住民と共有し、住民が主体的に取り組むように情報提供や支援、誘導を行うこと」だと思います。

パートナーシップ型の行政を実現するためには、住民と自治体とが互いに、まちの将来像を共有化する、現状や課題に関する認識を共有化する、課題解決に向けての役割責任を共有化する。その意味では「住民が観客で行政がプレイヤー」と言う関係ではなく、「住民がプレイヤーで行政がサポーター」と言う関係が本来の住民自治の姿と言えるのです。

図６　体質改革の基本方向

| | → | |
|---|---|---|
| ・問題先送り、回避難 | | ・問題予測と解決 |
| ・手続き縄ばり | | ・住民起点 |
| ・成果を無視した予算、人員獲得（＝充実） | | ・予算、人員、時間の節約と成果向上 |
| ・予算獲得攻防重視 | | ・決算、評価重視 |
| ・出来るだけ主義 | | ・これだけ主義 |
| ・過去延長 | | ・未来予測、現実認識 |
| ・内向き、プランド | | ・外向き、謙虚 |
| ・密室での調整 | | ・オープンな議論 |

## ③住民起点での行政体質改革の実現（組織体質そのものを変える）

政策と事業との関係、住民と自治体との役割責任の在り方、いずれにしても一朝一夕では出来ない構造改革です。ではこの構造改革をどこから着手して現実のものとしていくか。少なくとも従来型の取り組みでは限界があることは明白です。従来型の取り組みとは形を取り繕う、住民に対して自分達の役所はこれだけやっているのですよとアピールする、近隣自治体を意識しながら何か目新しいものを行うということでした。総合計画の策定にしてもほとんどの自治体で、策定段階では審議会などを設置したり、住民意向調査などを行ってかなりのパワーをかけているにも関わらず、出来あがってしまったらせいぜい企画課の棚に詰まれてしまい、何に活用されたのかがはっきりしないようです。

では何を変えるべきか?それは自治体内部の組織の体質です。自治体の職員の人に「改革を進めていく上での障害や問題点、克服すべき課題、成功の決め手は何だと思いますか?」という質問を投げかけるとほとんど全ての人が「職員の意識改革だ」と答えています。でも意識改革は意外と、「どんな意識をどんな意識に変えることか?」という具体的な定義や内容がないまま、使われている言葉であり、そもそも一人ひとりの意識形成は組織全体の体質に左右されるものです。

意識改革や体質改革は一見、容易のようでそれでいて組織全体に浸透するには時間がかかります。これも民間企業でよく話されているのですが、十人の組織で新しいことをしようとすると大抵、問題意識を持って主体的、積極的に取り組もうとする人が二人はいるものです。一方で反対をし抵抗をする人も二人はいるのです。後の六人は全体の様子を見て判断したり、とりあえず大勢についておいた方が無難という人達です。この構成を変えていくには時間がかかります。意外と反対派二人の内の一人は新しい取り組みに対する正しい理解が出来れば、主体派に加わるものです。時間がかかるのは六人全てが主体派になるということで、もともとこれらの人達は理解納得するまでにある程度の時間を必要とする人であったり、変化への順応力が弱い人だったりするからです。

図6に示したのはこうした「どんな意識をどんな意識に変えていくべきか」を経験論から整理したものです。

## 1　「問題先送り、逃回避」から「問題予測と解決」へ

過去十年間、行政組織が住民からの信頼を失った最大の原因は、問題を先送りしたり、問題を

住民から指摘されても、それに適切に迅速に真摯に対応せず、その結果、問題そのものを大きく深刻にしてしまったことだと考えられます。厚生省のＨＩＶ訴訟、大蔵省の金融破綻など国レベルでは有名ですが、各自治体でも第三セクターの破綻とか産廃施設やごみ処理の問題とか公金不正支出の問題とか職員のモラル（倫理）問題とか個別に挙げたらきりがない程沢山あります。なぜ問題を先送りするのか、逃避や回避をするのか、それはおそらく問題に気づかないのか、あるいは気づいていても「このまま行ったらどうなる」との将来予測がなかったのか、うすうす気づいていても「ここで事をあえて起こしたら大変だ」とか「自分の任期中は事があらわにならなければいいのだ」という甘え、楽観主義や「身内を守ることが第一に来る共同体意識」が組織的に根を張っていたと私は推察します。

こうした組織体質を抜本的に変えていかなければ、住民とのパートナーシップは実現しません。相互の信頼関係は相互の役割責任を分担するための前提条件だからです。

そのためにはまず、自治体職員自らが問題を予測し、解決の糸口を探り、住民と共有化していく勇気が求められます。総合計画策定や組織機構改革もこうした職員の動きに変えていくことを目的としないといけません。ただ美辞麗句で飾られた総合計画では実際の問題予測には活用されませんし、大胆な組織機構改革を行っていても作られた組織の責任者の意識や行動様式が変わらなければ相変わらず、問題先送りや逃避、回避がなされていくのです。

## 2 「手続き縄張り」から「住民起点」へ

次に問題に取り組む姿勢に変わったとしても、その取り組み方が「手続きや組織の縄張り」にとらわれていたら一向に本質的な問題解決にはなりません。住民が日頃、「お役所仕事」と指摘するのはこうした「手続き縄張り」体質に対しての批判だと思われます。中には手続きが大切な意味を持っていることが十分に理解されないままの批判もあるでしょうが、自治体側にも「手続きを出発点にして考える」という癖が直ってないわけです。時にはやりたくない理由として手続きを持ち出しているのではないかと住民には見られていることに気づくべきです。そもそも手続きは「ある目的を果たすために設けられた最適のやり方、手段」です。先ほど政策と事業の関係の時でも述べましたように、仕事をしていく中で自治体職員は次第に、手続きの目的を考えなくなっていき、手続きを守ることが目的になってくるのです。逆に言うと、手続きさえ守っていれば責任を果たしたような錯覚になってしまうのです。これでは仕事の成果把握と言われてもピンと来ないし難しいと受けとめてしまうのは当然です。

優良企業では仕事の責任を二つに明確に分け、その責任をまっとうするために必要な権限を責任者に与える「責任と権限のセット委譲」が進められています。それは結果責任（成果責任とも言う）と遂行責任です。結果責任とは「その仕事の目的や目標がどれだけ達成されたか」で問われる責任を言い、企業全体の結果責任は最高経営責任者となり、それを製品や地域や経営機能といった企業独自の区分け方で各部門の責任者に委譲がされるのです。

これに対して遂行責任とは「その仕事の遂行上、必要な手続きがとられたか、やるべきことをやったか、やってはいけないことをやらなかったか」で問われる責任を言います。ちなみに企業経営では結果責任をアカウンタビリティ、遂行責任をレスポンシビリティと言っています。大体、結果責任は組織の部門責任者であるマネジャー、管理者が負うものであるのに対して、遂行責任は仕事を任された個人が負うという考え方が定着しています。

なお、結果責任、遂行責任の他に、報告責任という概念もあるのですが、報告責任は結果責任、遂行責任の中にそれぞれ含まれていると考えるべきです。結果責任や遂行責任を各々果たしたかどうか、果たせなかった場合の原因や対処、さらなる課題などを関係者に正しくタイムリーに伝えるというのが報告責任ということです。報告責任は結果責任者も遂行責任者も共に持つわけです。

縄張り主義とは内部で勝手に線引きをすることを言います。線引きすることによって互いに自分達を守ることができるからです。しかしこれでは本質的な問題解決にはなりません。もともと自治体は課が一つの共同体になっているようで、特に組織の規模が大きくなっていくと課を越えた全体が見えにくくなります。「これはあそこの課の仕事だから」と逃避、回避をしがちになります。本当は他課との連携が求められるのにお互いに不可侵条約を結んでしまうし、それによって自分の課が損をする、負担が増えると言うことを避けるのです。特に大きな自治体組織だと課が一つの会社の様にとらえられていて、他の課を「財政課さん」などと「さん」づけで呼ぶ風潮が見られますが、外部の目からは奇妙にうつります。民間企業では営業部が工場を「工場さん」などとは言いません。

## 3 「成果を無視した予算、人員獲得、充実」から「予算、人員、時間の節約と成果向上」へ（量から質へ）

三番目は、仕事の充実の定義に関する意識の改革です。自治体の管理者の中には「この仕事はもっと充実をはかる必要がある」と自信を持って発言される方が少なくありません。「充実とは具体的に何ですか?」と尋ねると、大抵は「予算を増やしてほしい。人を増やしてほしい。」に行きつくのです。それは従来の延長線上での量的拡大、拡充を言っているのに過ぎません。これでは税金や人員は青天井となってしまいます。住民からは「だからコスト意識がないんだ。」と批判をされてしまうのです。

確かに近年の緊縮財政を反映してか、事業費の一律カットを何年も続けている自治体が増えてきており、担当部門は経常経費のどこを削るかに苦労されていると思います。不急事業を延期することもされています。

しかしコスト意識とは、「やるべきことを引き伸ばしたり、先送りしたりしてコストを節約すること」ではありません。事業の延期は、コストを掛けるタイミングをずらすということにすぎません。

**①真のコスト意識とは**

真のコスト意識は、優良企業に学ぶことが出来ます。まずコストはトータルコストでなければいけないと言う意識。単年度の支出額だけの議論では不十分です。特に施設整備などは完成後の毎年の維持管理費まで見込んだトータルコストで従来は検討されてこなかったために、ここに来て維持管理費が膨れ上がって自治体財政を逼迫状態にしています。

次は、コストを「投資」と「費用」に分けて考えることです。投資にはさらに「政策目標にどれだけ結びついたか」とか「住民サービスの向上にどれだけ結びついたか」といった成果向上投資の他に、事務の電算化の様に「他の予算をどれだけ削減したか。人件費の節約がどれだけ出来たか」というコスト削減投資があります。これらの投資コストはケチケチに徹するよりは「掛けるのならこれだけの成果を求めよう」と考えた方が全体最適が保てます。

そしてその次は、各課に配置された定員もコストの一部であるとの発想です。民間企業では定型的な仕事、つまり比較的一年以内で覚えられる仕事は徹底して派遣社員やパートを活用しています。ファストフード店などにはほとんど人件費の高い正社員は配置されていません。銀行などの事務センターでも同様です。これは「そもそもこうした性格の仕事はこれだけのコストしか掛けない」という「これだけ主義」が徹底されているからです。

定員管理は本来、課長等の部門責任者の責務です。全体のバランスを見て各課に配置される人員数及び人を決めるのは人事課の仕事としても、仕事と配置人員をやりくりして、仕事のやり方を変えたり、分担を変えたり、この仕事はこれだけの時間でやり抜くとの標準時間を設定したり、一人一人の仕事の幅を広げ、早期に一人前になるように指導したり余地は沢山残されているずです。管理者は部下の出退勤管理と健康を気遣うだけの管理者ではないのです。

**②コスト管理の3つの類型**

コスト管理には3つの類型があります。

**ア、コストキーピング**

これはコスト維持管理と言ってもいいのですが、立てたコスト目標を守るように厳格な予算管理を行うことです。自治体の場合は今までは「付いた予算は全部使いきり」というのが暗黙の常識でした。また公共事業の計画策定時と設計段階では総事業費が何倍にも膨れ上がることが珍しくありません。これなどもコストキーピングという意識がないことの表れです。

**イ、コストリダクション**

コスト管理の二番目の類型は、「コストリダクション」、これはコスト目標そのものを下げることです。それも仕事の設計段階から「これだけのコストでやるためには何が必要で何が不要か」と関係者間で詰めていく過程が大切です。

世界的優良企業のトヨタではコスト目標の設定を一割減とかに設定しません。まして自治体の定員削減のような年間1％削減といった設定はしません。これでは現状の仕事のやり方で達成できるからです。むしろ、コストハーフ、つまりコスト半減から考えるという組織的な慣習が遺伝子的に身についています。こうした極限への挑戦ということが組織体質を強固なものにしているのです。自治体に例えれば「政策全体のコストを半分でやっていくには何をどう再構築したらよいのか」ということになります。

市場原理で競争している企業は、良い仕事を追求するのにそれだけの高いコストを掛けても、高い価格で顧客に買ってもらうことが出来ます。しかし一方、自治体は受益者負担を強いる以外は、一般財源で賄わざるを得ないのでそれが出来ません。企業よりもより徹底したコストリダクションが求められるのです。「これだけの財源でどう投資や配分をすべきか」なのです。

**ウ、コストマネジメント**

コスト管理の三番目の類型は、「コストマネジメント」、これは社内取引制度で述べた通り、関係者がコストを膨張させないように仕事のやり方を工夫することです。工夫とは、コストの状況を互いが見えるようにする、受益者負担を徹底する、互いにコスト節約が出来たら折半で成果を分かち合うなどがあります。

とくにこれからは行政の仕事をもっと住民に正しく理解してもらう努力が必要となります。「皆さんの税金を使ってこんな仕事をやっています。ここにはこれだけの税金が使われています。」というだけでなくさらに、「この仕事は住民人口の○%の人を対象にしていますが、財源の○%が使われています」や「ルールを守ってくれない人がいるためにこれだけ余計な手間やコストがかかっています」と言ったコストマネジメントを高める情報公開が求められるでしょう。

## 4　「予算獲得攻防重視」から「決算評価重視」へ

行政側も議会側も従来は次年度予算のみにとらわれた組織運営をしてきたと思われます。毎年、七月位になるともう次年度予算についてのヒアリング準備などで忙しくなります。十一月からは財政担当との個別の査定ヒアリングに突入し、年明けの首長査定を経てようやく次年度予算が固まります。この二月から三月にかけて次年度計画を詳細に立てて出来る限り準備をしておけば四月以降の新体制になっても滞ることなく仕事が遂行されるのですが、中には三月末に発表される人事異動が気になって様子見となりがちです。四月に入って人事異動で悲喜こもごも。引継ぎをしながら五月連休に入りその後、研修を受けたりして六月議会対応に明け暮れ、それが終わるとまた次年度予算のことを気にする。議会における決算審査も大抵が次年度の十二月でしかもその審査の視点は「正しく使われたか」といった支出法的妥当性が中心です。

つまり、誰もが前年度の活動結果を踏まえてないのです。決算を会計検査と勘違いしている場合もあります。

民間企業では半期、四半期、月次毎に立てた方針や目標と比べて実績はどうだったかを管理職全員が共有化して、次の計画に反映をしているのが常です。つまり決算を行い、業績を評価して、次の計画に反映させるというマネジメントの基本が定着化されているのです。またプロジェクト活動の様に開始時期と終了時期がはっきりしている場合は、プロジェクトの終了時点でプロジェクトの決算と評価を行うのが基本です。

自治体の場合は、前年度の実績を踏まえて次年度の計画を立てると言うことは予算編成の仕組みが民間とは異なるので、厳密に言えば平成十二年度の実績を踏まえて、平成十三年度の軌道修正をすると共に、平成十四年度以降の計画に反映させるというマネジメントサイクルになります。しかしイベントのようなプロジェクト活動については民間と同様にプロジェクトの終了時期に決算と評価を行うことが重要です。

## 5　「出来るだけ主義」から「これだけ主義」へ

コスト意識のところでも既に述べましたが、自治体の経営要点は、「限られた財源、コストの最適投資と配分」です。最適と言うのは従来型の一律シーリングでないことははっきりしています。

「これだけ主義」に徹することによって二つの利点があります。一つは目標設定や目標に見合った資源配分が可能となる点です。「これだけ目標」を設定せずに、「出来るだけやります」というやり方は時には逃げの姿勢に陥ることにもなります。逆に「これだけしかやりませんよ」と明確に住民に伝えることも出来るので、後での行き違いを防ぐことにもなります。

もう一つは、限られた財源をどの分野や事業に重点的に投資や配分をしていくか、政策や事業のプライオリティ（優先順位づけ）を可能とする状況を作ります。

## 6　「過去延長」から「未来予測、現実認識」へ

事業の計画を立てたり、新たな取り組みをする場合に、単に過去の延長で考えてしまうという組織体質では社会全体の構造変革には対応できません。数年内に、大半の地域の人口は減少へ向かうと予測されますし、工場や事業所も拠点再編成の中で閉鎖を余儀なくされるかもしれません。

また事業計画も今後は、より具体的な根拠のある数字で詰めておかないと情報公開や外部監査に耐えられません。

ある自治体で以前、利水目的のダム事業の再評価を行ったのですが、数年前に策定された事業計画を調査点検したところ、事業計画の前提となる水需要量が冷静な将来予測ではなく、事業規模から逆算して算定されたものであることが明らかになりました。今後はこうした願望型の将来予測は予測ではないことを関係者が認識する必要を感じます。

## 7 「内向き、プライド」から「外向き、謙虚」へ

構造改革の時代には今までの経験が通用しないばかりか、時としてそれが障害となることもあります。従来の自治体における行政改革などの取り組みを見ると大抵が、近隣自治体や類似自治体との横並びが多いものです。最近でこそ、ベンチマーキング手法と言う「民間企業など他の分野で上手く言った事例を研究して、自らの組織にそれを活かす」試みがなされ積極的に学ぶ姿勢が見うけられるようになりました。しかしまだ少数に止まっています。政策の再構築の所で既に述べましたが、これからの行政運営は、従来にはない発想での徹底した取り組みが求められます。

しかもその取り組みが適宜、住民に情報公開され、様々な議論が展開されることになります。その際に「今まで何で出来なかったのか?」と責任追及したり、良く見られようとして美辞麗句意味不明の説明に終始したところでそれ自体に何の価値が見出せません。

外向きになるためには常に前向きになること、そして謙虚になることです。謙虚になることで素直に事実を受け止めることができるようになります。

## 8 「密室での調整」から「オープンな議論」へ

これは自治体のみならず、日本の社会全体にも通じる体質改革の基本方向です。オープンな議論を当然のこととする組織体質に変えることです。住民と自治体との関係も、国との関係も、都道府県と市区町村との関係も、議会と執行部との関係も、計画部門と事業部門との関係も、本庁部門と地域機関との関係も、上司と部下との関係もその全てが公開された議論によって相互理解、役割分担、パートナーシップ発揮を指向していかなければなりません。従来の日本型スタイルである密室での調整、高度な政治判断措置といった不透明なやり方は、論理的に考える人達には決して理解、納得されないと悟るべきです。

# 第5章　行政評価システムの基本的考え方

第4章では行政評価、政策評価の定義や関係にあえて触れずに、「どんな経営課題を解決すべきか」といった観点でその本質を述べてきました。最後の章ではその本質を踏まえながらどうやって自治体経営に行政評価、政策評価を導入し定着化をはかっていくか、その留意点を紹介します。

## 1　どういう評価をすればよいのか？

評価が付いた言葉で、多くの人が知っていて実際に使っている言葉に「人事評価」があります。

かつては人事考課とも言っていましたが最近では、「能力アセスメント」などとも言われています。一般的に人事評価とは、個人個人の業績や能力などを本人や上司などが評価して、人事処遇や能力開発などに反映、活用する人事システムの一つであります。

つまり○○評価と言う場合、それは「何を評価するのか」「誰が評価するのか」「いつ評価するのか」「どんな評価をするのか」そして「評価結果を何に反映させるか」といった観点から各々明確な定義付けが必要です。当然、評価結果の反映先は評価そのものの目的と関連します。

その意味で、行政評価は「広く行政活動全般を評価すること」、政策評価は「主として政策やそれを具体化した施策、事業の目的や目的達成度などを評価すること」と定義されます。行政評価と政策評価の関係は様々な説がありますが、自治体で実際に導入する際には全体を行政評価と言い、その中に政策体系に基づく活動評価としての政策評価があり、それ以外の行政サービス評価があります。

よく言われている事務事業評価には「政策体系の中で評価される事務事業評価」と「政策体系の中では評価できない行政サービス評価」とがあると考えた方がすっきりします。

例えば図7にある通り「廃棄物の抑制と適切な処理」が施策レベル。このレベルは一般の住民にもわかりやすい目標が設定できます。ただこれだけだと行政活動の評価としては大きすぎて他の要因、例えば住民や事業所の努力などに左右されます。

　これに対して「ごみ減量資源化啓発事業」と言った実際に自治体が行っている事務事業レベルの評価は上位の施策に照らしてその目的が妥当かどうか、他の事務事業との関連はどうあるべきか、実際に事務事業を担当する職員にとってはこのレベルまで具体化しないと変化は起きません。

　一方、住民票発行などの窓口事務サービスや図書館サービスなどは政策体系の一貫というよりはむしろ、受益者負担では運営できないことから自治体が税金を使って行っているサービス

図７　政策評価

政策評価は政策体系に基づく各段階の目的達成度を評価する行政評価類型

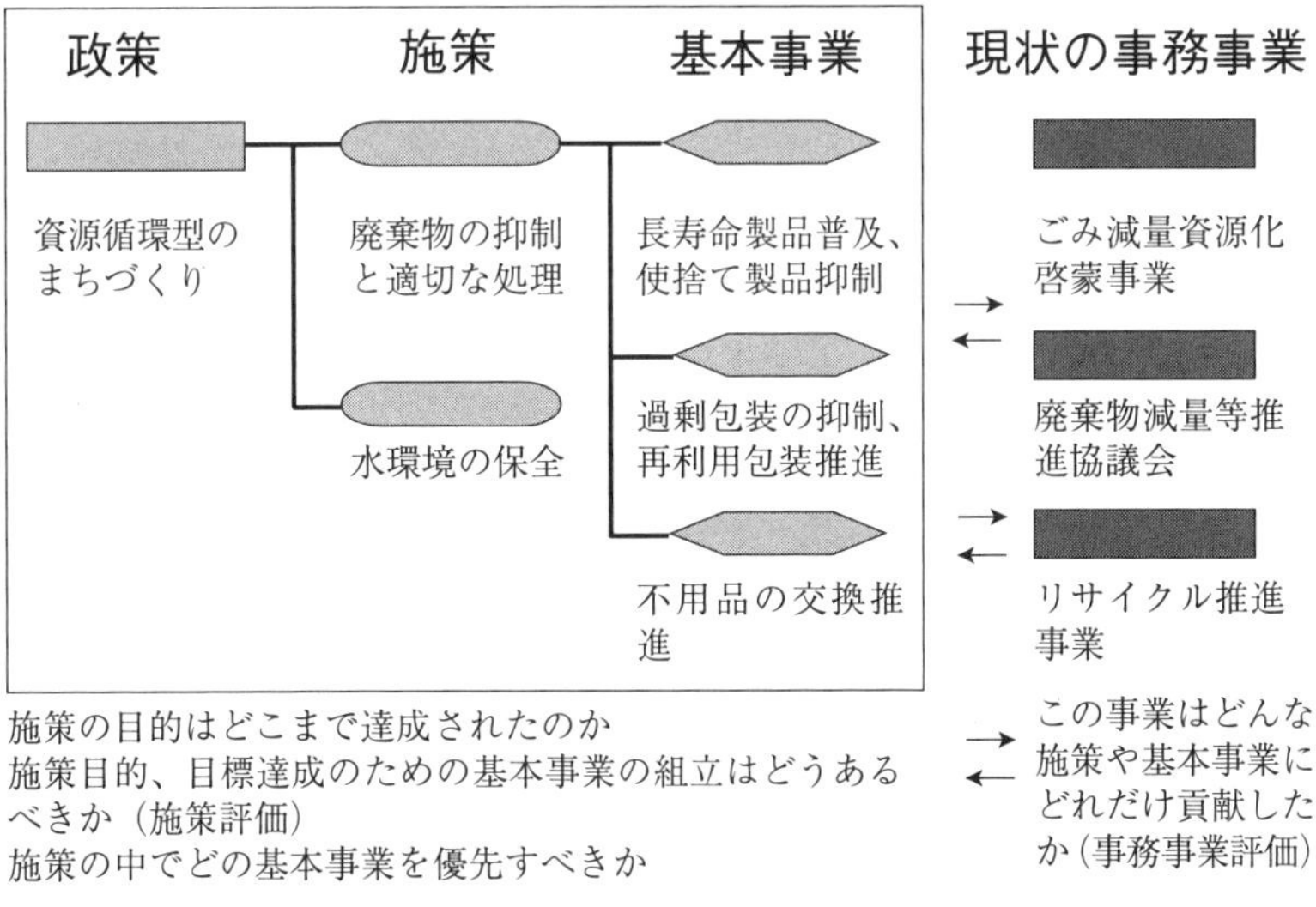

事業です。これらは利用者に対してその利用ニーズに応えるという意図で事業を行っています。ですから政策体系を整備するよりは利用者を類型化してそのニーズを明確にして、実際の事務事業遂行がそのニーズにどれだけ応えているかを評価して、次の事務事業の企画や実施に活かすことが基本です。その範囲では民間企業のCS（顧客満足）向上の考えや手法が適用できます。

ただし、大きな違いは利用

図８　行政サービス評価

サービス事業者と納税者のニーズに対する最適対応を見出す行政評価の類型

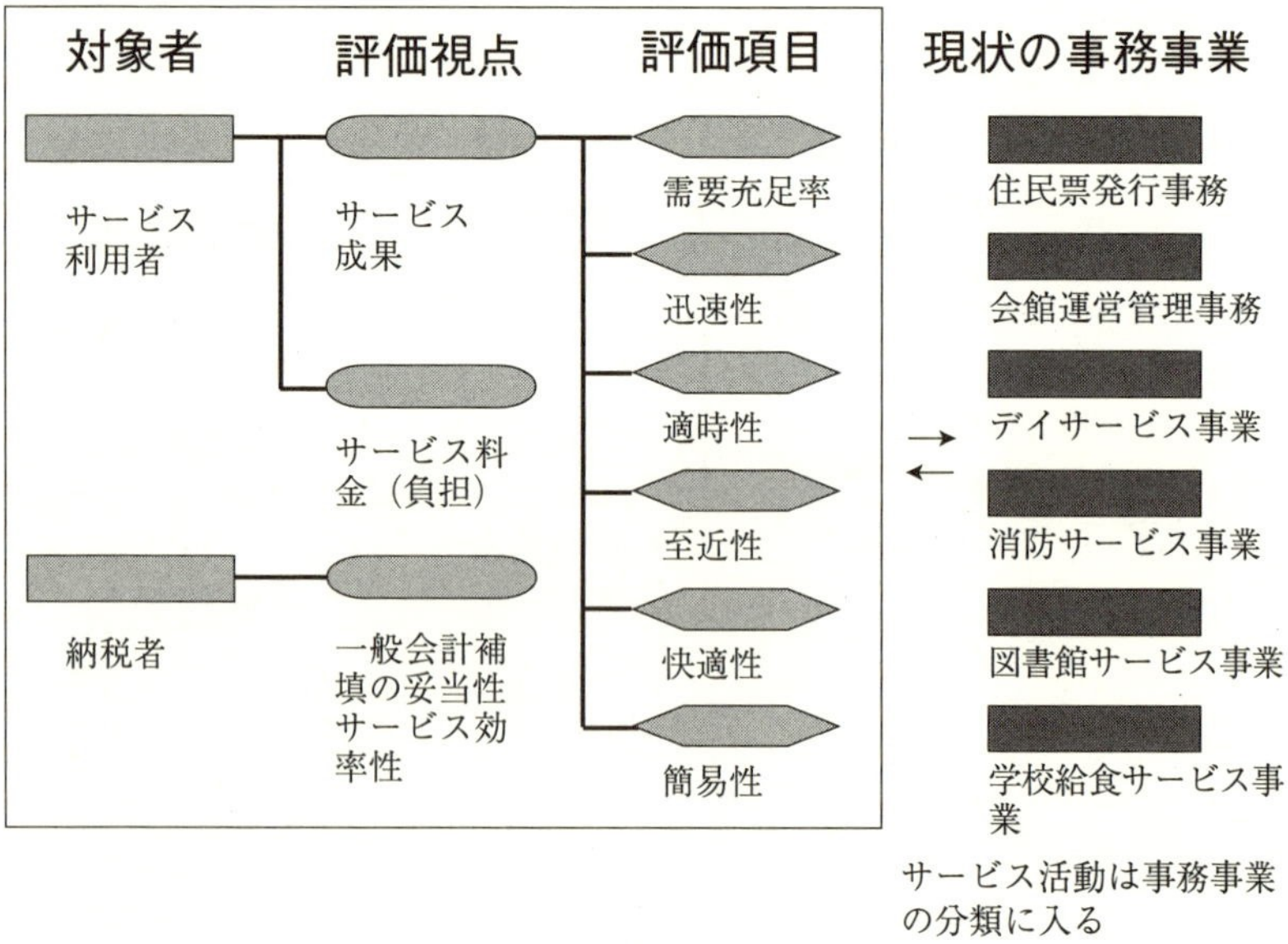

者が一〇〇%コストを負担していない点です。そこには普段見えない納税者が負担しています。ですからこうした納税者も行政サービス提供側にとっては顧客であります。「(納税者から預かった)税金を導入した理由は何なのか?それによって利用者の負担がどれだけ軽減されたのか、さらに利用者が一部に偏ってないのか、より受益者負担を徹底させて市場原理を利かせることができないのか?」といった質問に答えなければなりません。つまり利用者が満足していても納税者、負担者が理解納得支持しなければ決してその行政サービス活動は最適な状態とは言えないのです。

評価の本質を考えた場合、自治体においては特に、政策評価と行政サービス評価を同時に導入して、前者は総合計画や各種基本計画と、後者は定員管理や管理会計などと組み合わせていくことが望ましいと思います。最も、自治体の置かれた状況、総合計画とか今までの行革の取り組みとか、財政状況などによって実際の進め方は千差万別です。

## 2　評価システム導入の留意点は何か？

### ①完璧主義に陥らず評価する側のレベルに合わせること

優良企業における人事評価システム構築の取り組み姿勢から多いに学ぶ点があります。「スパイラル・アプローチ」という導入手法です。これは時間を掛けて精巧なシステムを構築完成させてから導入するという進め方ではなく、まず雛型を用いて各課でモデル実施してもらい、そこから出てきた問題、課題の優先順位をつけて順次、レベルアップしていくという進め方です。この進め方の利点は、各課の仕事の実態をシステム設計に反映しやすいことと、評価する側の評価能力に合わせた無理のない導入ができるからです。どんなに学術的理論的には立派な評価の仕組みであってもそれを活用する側の意識や理解、能力がついてこなければ途中で息切れします。

### ②改革の魂を込め、その浸透をはかること

ところで三重県での取り組みの話ですが、三重県の事務事業評価システムは決して事務事業の自己点検だけをするものではありません。政策体系に基づく行政活動の企画、実施、評価のマネ

ジメントサイクルを確立するものであり、最近では事務事業の上位にある施策や基本事業の目的達成度や優先順位付けなどを組みこんだ「政策支援システム」に発展してきています。導入当初の九六年度は政策体系が未だ完成されてないこともあり、しかも事務事業のゼロベース点検の方に重きを置いていました。

というのは当時の推進担当部長である梅田次郎氏（現在・三重県政策開発研修センター所長）の「事務事業評価こそが行政体質改革に結びつく」との強い思いがあったからです。県の事務事業などは補助金が大半で一般の県民から見ればその内容が理解しがたいのですが、それを点検してその結果を公表することに「改革の魂」が込められたからです。

それは納税者としての一般県民よりもむしろ、個々の補助金に長い間深く関わっている既得権者と、これからそうした既得権者に対して改革を進めていく立場の県庁管理職にありました。具体的な事務事業の内容、補助金の詳細、その使われ方と成果を例外なく全て積極的に公表することによって、従来のような「影でこそこそ調整」ということが出来なくなる。また既得権者に対応する管理職にしても「今度からは公表しなければならないので…」という緊張感と同時に、ギスギスした関係を後で残さないための緩衝材、言い訳の材料を与えることが出来るのです。

これは第2章2関係者との関係で述べた通り、「利害関係者偏重ガバナンス」から「本来のガ

図9　マネジメントシステムとしての全体像

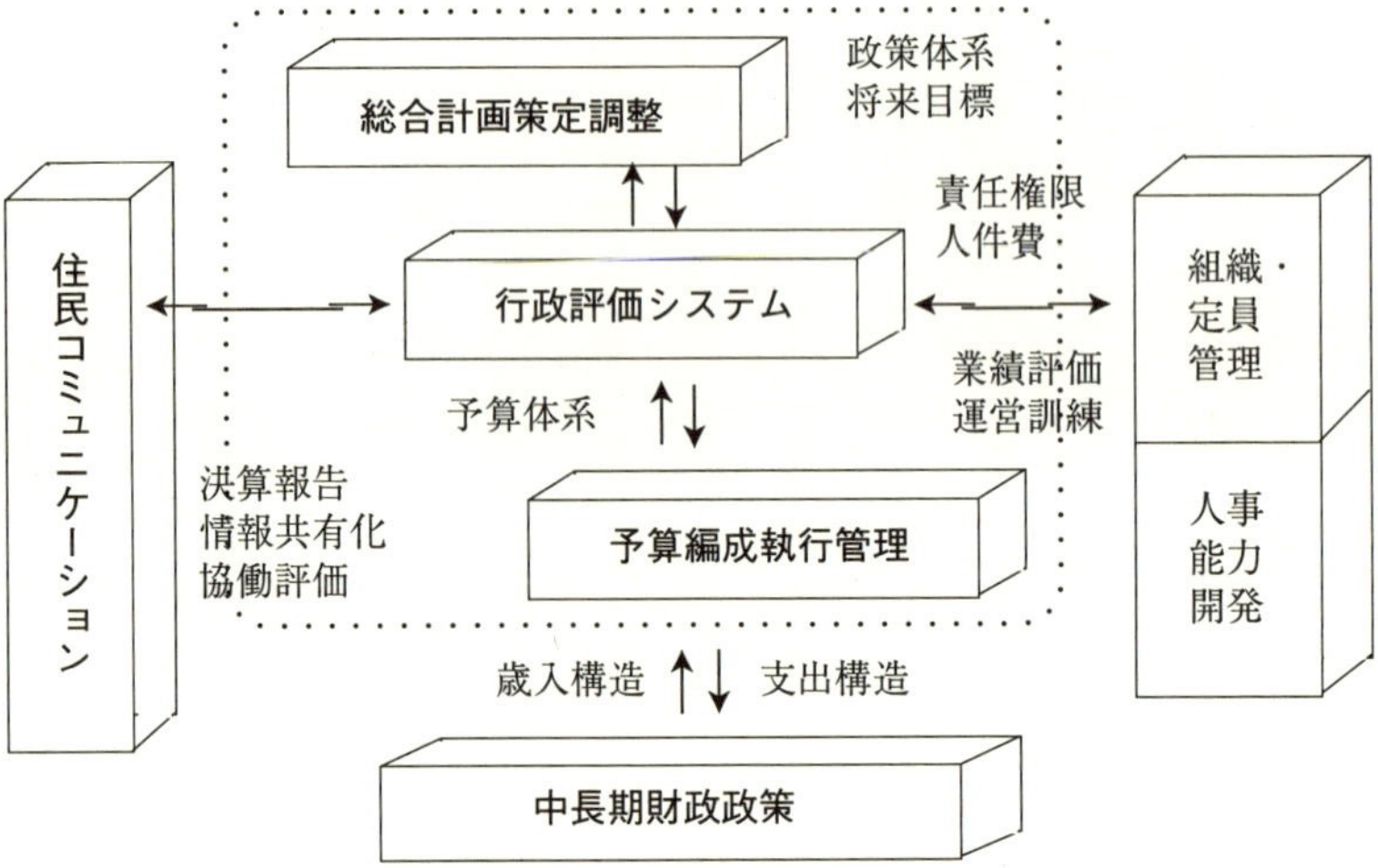


バメント・ガバナンス」への回帰であり、それまでの旧態依然とした組織の中ではまさに革命と言われるものでありました。

つまり、第4章で述べた、評価を行う前提としての課題認識、「何を狙って行政評価システムを導入するか」が極めて重要だと言うことです。「学術的に見たらそれは政策評価とは言えない」といった教条主義的な外野席の評論はあまり気にしないことです。くどいようですが、一般の住民は自治体が素晴らしい政策評価を導入することに期待しているのではなく、長年培われた悪しき体質を変えることを強く望んでいるのです。ガバナンス改革、体質改革への強い思いが魂として組織に吹き込まれなければばどんな経営手法も根付かないばかりか、従来の「利害関係者ガバナンス」を温存させることになりかねません。

## 3　定着化させるための留意点は何か?（どう実現、定着化していくか）

行政評価システムは各自治体における基幹的な位置を占めるものです。総合計画や予算、広報公聴とも密接な連動、連携を必要とします。したがって行政評価システムの導入に際しては、決してこれを単体としてとらえないで、関連する制度や業務を含めたトータルの自治体経営システムとして機能するように全庁挙げての取り組みをすべきです。そのためにはまず企画部門の長と総務部門の長とが共通認識をはかることが重要です。

**図9**はそれらの関係を整理したものです。

### ア、総合計画の策定調整

行政評価は総合計画と予算編成とを結びつけるものです。行政評価システムを導入するということは、総合計画や分野別基本計画の策定や相互調整、進行管理の在り方に多くの影響を与えます。基本的には総合計画の進行管理と行政評価における政策レベル、施策レベルの評価とを連動させることが望ましいと考えます。ただ評価システムを導入するには必ずしも総合計画を作成し直す必要があるということではありません。

なぜ連動をする必要があるかというと、総合計画（特に三カ年か五カ年年レベルの実施計画）を理念で終わらせず、各課の事業遂行の指針とするためです。また、その目標設定と達成度を住民にわかりやすく報告し、予算と連動させながら重点となる事業に対して明確な優先順位付けをしていくためには、政策体系に基づく政策、施策、事務事業の事後評価の仕組みが不可欠だからです。

実際、既にいくつかの自治体では次のような背景から総合計画策定管理と政策評価、事務事業評価との連動を最初からはかっています。

・次期総合計画の策定に合わせて、従来の縦割りでの各部門の要望事業を集めた計画体系を抜本的に見直し、住民の視点で地域として解決すべき課題体系としての新たな政策体系を構築したい。

・最近、新たに総合計画を策定して政策分野毎の指標を設定したが、その達成度管理を事業の進行管理と連動させたい。

・五カ年実施計画について財源の裏づけに基づいた政策、施策分野別の優先順位付けを制度として確立したい。従来の総花的、抽象的な実施計画を改めて実効性と納得性の高い実施計画へとレベルアップをしたい。

なお、こうした連動をはかるための推進体制の在り方ですが、理想的には同一部門の仕事として密接に進めていくことが望ましいと思います。組織的にそれが出来ない場合は、政策体系や評価単位を十分擦り合わせする必要があります。さもないと特に政策評価の方がなかなか円滑にシステム構築できない他、行政評価システム全体が行政サービス中心の事務事業評価のみに止まることになるので要注意です。

### イ、予算編成・執行管理との連動

予算編成・執行管理とは、予算単位を揃えて予算体系を整備していく点で密接に関連します。導入当初は事務事業単位での予算編成となっても、政策体系に基づいて施策や事務事業との関係がより的確に整理されてくると、事務事業は単に予算費目ではなく、施策と整合性のとれた本来の事務事業単位となります。

近年、市区町村を中心に従来の節中心の予算編成から、特定財源や人件費等を含めたトータルコストで表した事業別予算制度が導入されています。事業単位での正味の収入と支出が把握できるのですが、さらに事業の目的達成度である成果や、上位の施策や政策にどれだけ貢献したのかを政策評価や事務事業評価を導入することによってより的確な意思決定に役立てることが出来ます。さらに事業別予算制度は、施設などの資産状況を含めた企業会計方式へと発展できます。その先は図9の通り、自治体全体の財政構造の在り方とも関わってきます。

**ウ、組織や定員管理との連動**

職員の人件費を事業毎に算定することはそのまま定員管理の水準を上げることになります。施策や事務事業毎に自治体職員が年間どの位の投入時間を実際に掛けているか1時間当りの人件費率を掛けて人件費を算定し、施策や事務事業のトータルのコストで改革改善を考えていくことになります。この改革改善はそのまま施策や事務事業に投入される人員数に反映されるためには、定員削減計画と事務事業評価とを連動させることが必要です。

また評価を行っていく上での部長層や課長層、係長層間の責任権限の持ち方とも関連してきます。施策や事務事業の結果責任、遂行責任の明確化にもつながります。

**エ、住民コミュニケーションとの連動**

かつて広報公聴と言われていた住民との双方向コミュニケーションの在り方は行政評価システムによって大きく変わることが予想されます。特に、最近のインターネットを中心にした迅速で双方向のコミュニケーション媒体で評価結果の公表をはかり、さらに個々の施策や事務事業毎に住民からの意見を救い上げることができます。既にいくつかの自治体でインターネットを活用して年度の評価結果を住民に報告して個々に意見を求めると言う行政評価システムと住民コミュニケーションシステムを融合した取り組みがされています。

またさらに、評価結果を公表する際にその根拠となった各種情報、データも後で住民が検索できるようなデータベース管理も必要となってきます。このことは情報公開制度や庁内文書管理の仕組みとも密接に関わるので行政評価システムの導入当初から関係部門との擦り合わせが求められます。

また庁内各部でバラバラに行っている住民実態調査や住民意識調査などは今後、政策体系や各種のキーワードによっていつでも誰でも検索が可能となったり、事務事業の実施を通じて各種調査が適宜、出来るようにしなければなりません。

**オ、中長期財政政策との連動**

行政評価システムは中長期の財政構造の健全化に結び付けないといけません。さらに中長期財政政策を策定する上で政策コスト、施策コストなどの現状と将来予測といった基礎情報を提供できます。評価の単位を施設毎や箇所別など細分化して正味コストを表し、受益者負担と一般会計補填との関係なども明らかにすることも可能となります。

最近、自治体でバランスシートと呼ばれる資産や負債の状況を財務会計方式で表す方法が相次いで導入されていますが、これは施策や事務事業レベルの収支管理に反映させないと「厳しい状態は判ったがどう対応すべきか」が出てこないと思います。

また中長期財政政策の一貫として財政構造計画を策定し、年度の構造改革目標を立て「これだけ主義」に徹した施策や事務事業の優先

図10　行政評価体制の確立

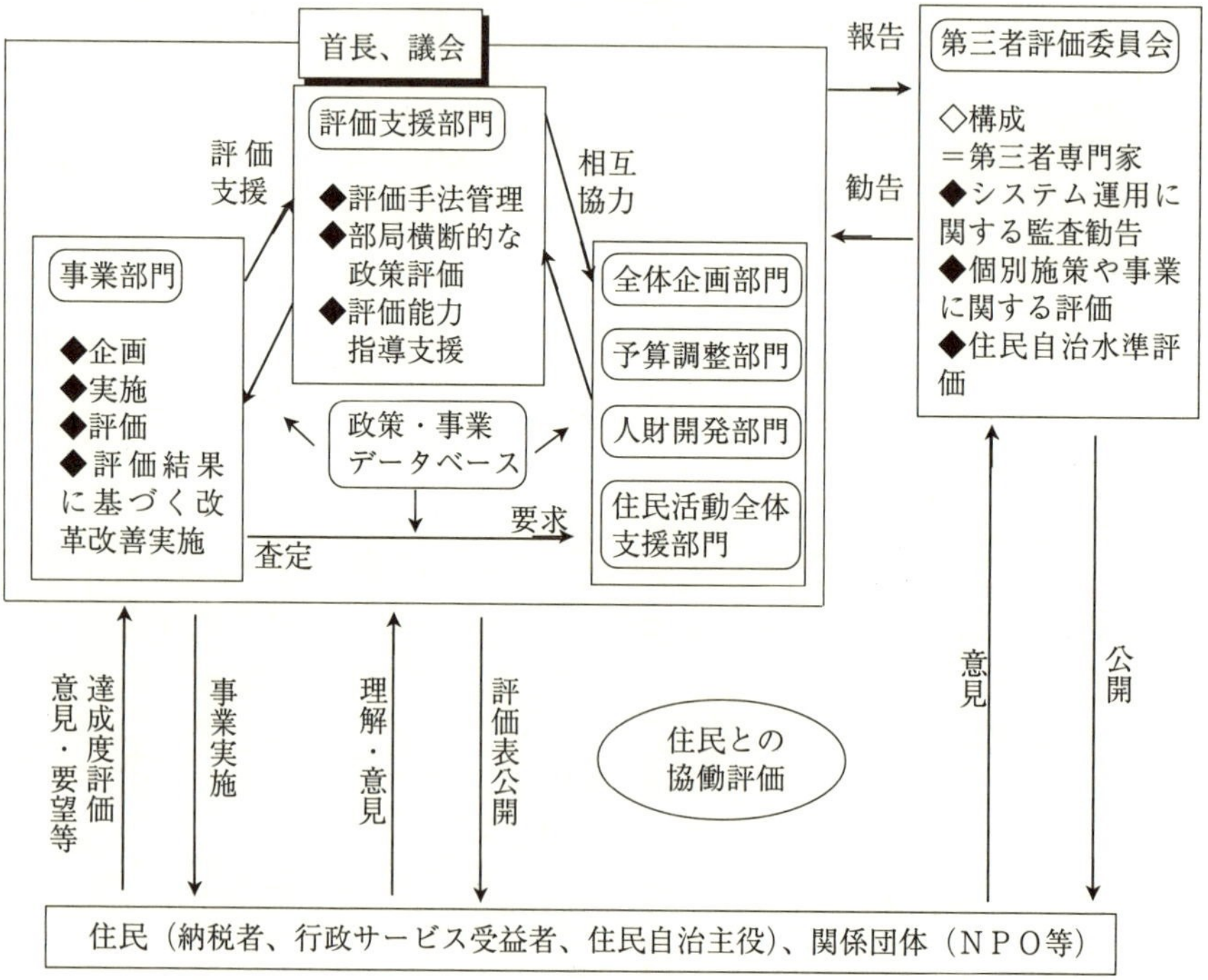

順位付けが可能となるように政策評価と事務事業評価のシステム化、発展が期待できます。

### カ、人事能力開発（人財開発）との連動

行政評価システムは行政の仕事を対象にしたマネジメントシステムです。行く行くは部門の業績評価、個人評価にまで結び付けられるものですし、結び付けていかないと積極的に取り組んで、改革改善に苦労した職員が報われないことになります。政策評価や事務事業評価の結果をまずは部門の業績評価として部門長の個人評価に反映するのが第一ステップです。その次は、部門長が部下に年間の業務目標を割り当て、擦り合わせを行った後にその達成度で個人の評価に反映させたり、事務事業毎にそれを達成するために必要となる能力を明らかにして個人の能力開発や業務分担変更に反映することも重要です。

また行政評価システムは職員にとって「実際の自部門の仕事をケーススタディにした職場研修」の意義もあります。行政評価システムの手法研究にかけるパワーよりも数十倍のパワーをかけて評価に関わる職員の評価能力、改革改善推進能力を高めるための教育訓練を徹底することが行政評価システムの定着化の鍵と言えます。そのためには人財開発の一貫としての教育体系、能力開発体系の整備を同時に進めていくことが望ましいと考えます。

## 4　行政評価体制の確立・・第三者評価との関連B

評価システムの活用能力が高まっていき、住民と一緒になった企画、実施、評価のサイクルが出来上がり、「ガバメント・ガバナンス」の確立を目指していくためには最終的な評価体制は図10で示されるとおり、住民と自治体との協働評価をベースにして、それを側面で支えるのが「第三者評価委員会」という組織になると考えられます。

ただしこの第三者評価委員会はよく一般論で言われているような指標をモニタリングするとか職員に代わって個別の事業を評価したりということよりもまず、庁内及び住民との協働評価がその魂や思想、理念通りに遂行されているかという外部監査です。第三者というのは住民でもなく住民から選ばれた議員でもなく、ガバメント・ガバナンスを冷静に診断でき、しかも行司役になりきれる専門家の集まりの方がよいでしょう。さらに他の自治体と比較して「このまちの住民自治の水準はまだまだ」といった住民自治水準評価も可能になります。

このように行政評価システムの本質を十分理解して自らの事情に合った導入と定着化をはかり、最終的には住民とのパートナーシップ型の協働評価を確立させ、それを第三者が定期的に監査勧告する。こうしたガバナンスとマネジメントの構造改革、経営システム改革こそが二十一世紀のまちづくりビジョン達成への決め手となると思います。

## 追記

本ブックレットはその性格から初心者にとって出来るだけわかりやすい構成、内容、表現を心がけました。実際の講義ではこの他、政策評価手法の詳細まで触れましたが、紙面の都合とあくまで本質を理解していただきたいという意図から割愛させていただきました。

なお、行政評価の導入事例については月刊「地方分権」「ガバナンス」（ぎょうせい刊）２００0年5月号から1年間連載。ご相談やご質問は電子メールまたはお手紙でお願いします。

（本稿は一九九九年十月十三日、朝日カルチャーセンターで開催された地方自治講座の講義記録を大幅に加筆し修正したものです。）

【著者紹介】
**星野芳昭**（ほしのよしあき）

ＪＭＡ（日本能率協会）グループ　行政改革プロデューサー　株式会社日本能率協会コンサルティング　技術部長　シニア・コンサルタント

１９５７年生まれ、慶応大学商学部卒業後８１年より民間企業の本社組織改革や業務プロセス改革、人財開発などのコンサルティングに従事。専門は組織と業務評価。９５年より三重県等２００を超える自治体、特殊法人等で行政評価システムの導入定着化コンサルティングの責任者。９９年より総務庁の政策評価制度の指針作り、文部科学省の政策評価制度外部評価（有識者会議）、千葉県市川市では行革懇話会として市政全般の第三者評価に携わる。２００１年５月より月刊「ガバナンス」（ぎょうせい刊）にて「行政評価の本質」を好評連載。

［連絡先］
〒105-8534　東京都港区芝公園３—１—３８　秀和芝公園三丁目ビル
（株）日本能率協会コンサルティング
電子メール：hoshino@stones.com
個人ＨＰ：http : // homepage2. nifty. com / starhoshino /

朝日カルチャーセンター地方自治講座ブックレットNo 2
**地方自治最前線～どう実現する『政策評価』②**
**ガバメント・ガバナンスと行政評価システム**　～企業経営に何を学ぶか～

---

２００１年　５月２０日　初版発行　　定価（本体１，０００円＋税）
２００１年１１月１５日　第２刷発行

著　者　　星野　芳昭
企　画　　朝日カルチャーセンター
発行人　　武内　英晴
発行所　　公人の友社
〒112-0002　東京都文京区小石川５－２６－８
ＴＥＬ０３－３８１１－５７０１
ＦＡＸ０３－３８１１－５７９５
振替　００１４０－９－３７７７３